AF452242

*Oeuvres de Monsieur Boße, contenant plus de sept cens
Planches gravées en perfection.*

L'Architecture compoſée des goûts des meilleurs
Auteurs, tant anciens que modernes, ſuivant les
cinq ordres, contenant plus de 80. planches, in
fol'o.   12. l.

Traité des Arcs rampans, par le Sieur de la Hire, 7.
planches, *fol. en blanc.*   1. l. 10. ſ.

Traité de la coupe des Pierres en l'Architecture, contenant 117. planches, in 8°.   4. l. 10. ſ.

La maniere univerſelle de tracer des Cadrans Solaires,
avec un grand nombre de figures, in 8°.   3. l. 10. ſ.

Maniere univerſelle de pratiquer la perſpective ſur les
Tableaux plats, &c. contenant 149. planches, 2.
vol. in 8°.   15. l.

Leçons Geometrales & Perſpectives données par le Sieur
Boße dans l'Academie de Peinture & Sculpture,
contenant 70. planches, in 8°.   3. l. 10. ſ.

Sentimens ſur la diſtinction des Tableaux originaux
des Copies, &c. in 12.   1. l. 10. ſ.

Les proportions du corps humain tirées d'aprés l'Anti-
que, en 22. planches, in 6.   1. l.

Le Peintre converti aux Regles univerſelles de ſon Art,
in 8°.   2. l.

Les premiers enſeignemens de la Portraiture, ou maniere d apprendre à deſſigner pour la jeuneſſe, ou autres perſonnes, contenant   planches, in 8°. *ſous
preſſe.*

De la maniere de graver à l'eau forte & au burin; d'imprimer les planches, & de conſtruire la preſſe: avec
la nouvelle maniere dont ſe ſert M. Le Clerc Graveur
du Roy, contenant 18. planches, in 8°.   3. l. 10. ſ.

MANIERE
GRAVER A L'EAU FORTE
en Cuivre
PAR A. BOSSE

TRAITÉ
DES MANIERES

DE GRAVER
EN TAILLE-DOUCE
SUR L'AIRAIN,

PAR LE MOYEN DES EAUX FORTES
& des Vernis durs & mols.

D'IMPRIMER LES PLANCHES,
& de conſtruire la Preſſe.

Par le Sieur A. BOSSE.

Augmenté de la nouvelle maniere dont ſe ſert
Monſieur LE CLERC Graveur du Roy.

A PARIS,

Chez PIERRE EMERY, Quay des Au-
guſtins, au coin de la ruë Gille-Cœur,
à l'Ecu de France.

——— ——— ——— ———

M. DCC. I.

AVEC PRIVILEGE DU ROY.

AVANT-PROPOS.

Dans le deſſein que j'ay de traiter ici de la maniere de graver en taille douce avec l'eau forte pour en tirer aprés des impreſſions, je ne m'arrêterai point à parler de l'art de la graveure en general ; à vous dire qu'il a pluſieurs eſpeces, qu'on grave en pierre, en verre, en bois, en metaux, en creux, autrement en fonds, en relief, ou épargne ; & en autres matieres & manieres ; ni qu'il eſt des plus anciens, puiſque Moïſe en a écrit ainſi que d'une choſe laquelle étoit de ſon temps fort en uſage. Mais pour la graveure en taille douce au burin ou à l'eau forte, ou plûtôt quant à la pratique d'imprimer à l'encre ou autre liqueur des planches gravées en taille douce, il n'y a point d'aſſurance qu'elle ait devancé l'Imprimerie des Lettres, puiſqu'il n'en paroiſt aucun reſte, comme on void des autres ſortes de graveures, de l'enlumineure, & de l'écriture à la main.

Pour donc en demeurer à la graveure en taille douce, on y grave ſur des planches comme d'airain ou de cuivre, de lethon, de fer & autres métaux, mais plus communément de cuivre rouge, autrement roſette ou airain, & l'on y grave en deux façons, l'une tout purement au ſeul burin, & l'autre par le moyen encore de l'eau forte ; & ſemble que celle au burin ſoit la plus ancienne, & qu'elle ait donné ſujet d'inventer celle à l'eau forte pour eſſayer à la contrefaire : & à vray dire on s'eſt pris d'une telle ſorte, & l'on eſt venu ſi avant à celle de l'eau forte, qu'il y a telles ſtampes de cette maniere où l'on a de la peine à connoître & à s'aſſurer qu'elles ne ſoient pas au burin, du moins en beaucoup de leurs parties ; ce qui m'a fait conjecturer que les arts n'ont pas été mis tout d'un coup à la perfection où la plûpart d'eux ſe trouve à preſent ; & que de ceux qui s'y ſont adonnez toûjours quelqu'un y a contribué de temps en temps ; ainſi l'on peut dire que nous en avons l'obligation les uns aux autres : Et pour moy

ã ij

j'avouë que je me sens extremement obligé à plusieurs de
ceux qui ont travaillé à perfectionner la gravure en
taille douce à l'eau forte, parce que j'ai beaucoup appris
de cet Art en voyant leurs ouvrages, sur tout de ceux que
je nommerai cy-aprés.

La difference d'entre les manieres d'y graver au burin ou
à l'eau forte est qu'avec le burin on tranche & emporte
comme un coupeau la piece du trait à mesure qu'il le grave, & qu'à l'eau forte on emporte premierement avec
une pointe un verni dont on a couvert la planche, & par
fois un peu du cuivre avec, puis l'eau forte acheve de dis-
soudre ou manger le reste.

Mais pour ce qui est d'imprimer aprés les figures, la
maniere de l'une est la même que de l'autre, & ne s'y
trouve difference quelconque.

Le premier d'entre ceux à qui j'ai l'obligation est
Simon Frisius Hollandois, lequel à mon avis doit avoir
une grande gloire en cet art, d'autant qu'il a manié la
pointe avec une grande liberté, & en ses hacheures il a
fort imité la netteté & fermeté du burin, ce qui se peut
voir en plusieurs de ses ouvrages, j'entens seulement pour
la netteté des traits à l'eau forte, laissant les inventions
& le dessein à part, mon intention n'étant pas d'en traiter. Ledit *Frisius* se servoit du verni mol & de l'eau forte
dont les Affineurs se servent à départir les métaux.

Aprés lui nous avons *Mathieu Merian* Suisse, lequel a
selon mon sens fait des ouvrages à l'eau forte aussi nets &
également travaillez que l'on puisse faire; & l'on pourroit
dire que s'il eût fait en sorte que la partie de ses hacheures qui approche le plus de l'illuminé ou du jour eût été
plus déliée & pe due, il eût été difficile de faire mieux
& plus net; mais ce que l'on trouve à desirer en son ouvrage est que les sorties de ses hacheures finissent fort à coup,
qui fait connoistre aux clairs-voyans que c'est à l'eau forte.

Il s'est servi aussi du verni mol & de la même eau forte
de départ.

Ensuite est venu *Jacques Callot* Lorrain, lequel a extremement perfectionné cet art, & de telle sorte qu'on
peut dire qu'il l'a mis au plus haut point qu'on le puisse

faire aller , principalement pour les ouvrages en petit ; quoi qu'il en ait fait quelques-uns en grand autant hardiment gravez qu'il se puisse faire , & n'eût été que son genie l'a porté aux petites figures , il eût fait sans doute à l'eau forte en grand tout ce qui s'y peut faire à l'imitation du burin , comme cela se peut voir en plusieurs de ses ouvrages , & principalement en quelques portraits qu'il a faits à Florence , ausquels je ne vois encore rien de pareil.

Il s'est servi du verni dur & de la même eau forte dont je traitte cy-aprés , & de laquelle je me sers.

Pour moi j'avoüe que la plus grande difficulté que j'ai rencontrée en la graveure à l'eau forte , est d'y faire des hacheures tournantes, grandes, grosses , & déliées au besoin comme le burin les fait , & dont les planches puissent durer long-temps à l'impression.

Et me semble que la principale intention que peuvent avoir ceux qui gravent ou veulent graver à l'eau forte, est de faire que leur ouvrage paroisse comme s'il étoit gravé au burin : & pour ce faire j'estime qu'il se faut proposer à imiter la netteté & tendresse des ouvrages de quelquesuns de ces excellens ouvriers du burin: comme des *Sadelers Vilamene* , *Suannebourg* , & quantité d'autres dont j'estime extrememement les beaux traits , car d'imiter un Graveur dont la graveure au burin ne paroist que comme à l'eau forte , je n'y vois pas grande apparence.

Or encore que je ne fasse point mention de plusieurs autres, comme de *Marc Anthoine* , *Corneille Cort* , *Augustin Carace*, ce n'est pas que je ne les tienne excellens Graveurs & davantage les plus sçavans qui ayent été dans le dessein. Mais comme j'ai dit cy-devant , je n'ai autre intention que de proposer à celui qui veut graver à l'eau forte un modele pour y faire des hacheures ou traits bien nets & bien fermes , & quoy que *Cort* & *Carrace* ayent gravé net , il me semble que c'est toûjours un peu moins que ceux que j'ay nommez cy-devant.

Ce n'est pas aussi que je n'estime les ouvrages à l'eau forte qui n'ont pas cette netteté; au contraire pour beaucoup de raisons je prise grandement une quantité de belles pieces déja faires & qui se font encore tous les jours à l'eau forte croquée : Mais tous avoüeront avec moi , que c'est plûtôt l'invention , les beaux contours , & les touches de ceux qui les ont faites qui les font estimer , que la netteté de la graveure, & je crois que si ceux qui les ont gravées avoient acquis une plus grande pratique dans l'Art ils s'en feroient servis.

Et quant à moy je souhaiterois que tous les excellens Peintres & Dessignateurs se voulussent adonner à cette sorte de graveure , d'autant que par ce moyen nous aurions la communication de plusieurs excellentes pieces dont nous demeurons privez ; & pour ceux qui sont touchez de la netteté , je pense que la plûpart avoüeront que rien ne les en a tant détourné que la difficulté qu'ils ont recontrée à y réüssir d'abord , & que leur esprit étant d'ailleurs occupé à leurs autres principales productions ils n'ont pas eu le temps de s'attacher à un art qui demande une si longue pratique , non seulement pour l'arrangement égal des hacheures & la grande netteté qu'il faut avoir , mais encore pour éviter quantité d'accidens qui arrivent à la maniere de faire le verni , à l'appliquer sur la planche , le conserver en travaillant , y mettre l'eau forte , & autres particularitez.

Or m'étant étudié de mon pouvoir à combattre ces difficultez , dont personne que je sçache n'a traitté par écrit public jusques à cette heure , j'ay pensé que je ne ferois pas une chose desagreable à plusieurs de publier la maniere dont je me sers , & telle que j'ay pû jusques à present la rencontrer , où je ne suis pas arrivé sans beaucoup de peine , d'autant que ce n'a esté que par une soigneuse comparaison des ouvrages ou stampes que plusieurs ont faites par le moyen de cet art tant bonnes que mauvaises , dont les bonnes m'ont fait essayer d'aller plus avant , & les mauvaises m'ont donné la connoissance de plusieurs imperfections & accidens que j'ay tâché d'éviter ; & d'autant que j'ay comme borné l'eau forte à ne pouvoir jamais surmonter la netteté & fermeté d'un beau burin, cela n'empêchera pas que ceux qui pourront aller audelà ne le fassent , auquel cas ils ne feront pas peu ; & pour ce qui

eſt de moy j'eſpere que ma franchiſe obligera quelqu'un
à m'en enſeigner davantage , à qui je ſerai extremement
obligé.

Il me ſuffira donc pour ma ſatisfaction que ce petit
ouvrage ſerve aux honnêtes gens curieux de pratiquer cet
Art , comme de memorial ou de repetitoire pour y cher-
cher aux occaſions ce qui ſeroit échappé de leur memoire.

Il peut être que pluſieurs qui viennent à s'adonner à
cet Art , ont plûtôt affection à une maniere de graver
promptement , qu'à une qui demande une ſi grande éga-
lité & netteté de hacheures , & laquelle par conſequent ne
ſçauroit être ni ſi prompte ni ſi aiſée : Pour ceux-là , ce
que je dirai ne les empêchera pas de ſuivre celle qu'ils voudront, ou finie ou croquée; Et toûjours il eſt beſoin en l'une
& en l'autre que le cuivre ſur quoy l'on grave ſoit bon &
bien poli; & auſſi que le verni ſoit bon & bien apliqué ſur la
planche , & que l'eau forte & d'autres choſes encore en
ſoient choiſies & recherchées un peu ſoigneuſement : que
ſi chacun ne ſe veut aſſujetir à tout ce que je preſcris dans
ce traité , j'aurai toûjours ſatisfait à mon intention , qui
eſt de communiquer au public la maniere dont je grave
plus ordinairement : Et s'il y a quelqu'un à qui elle vienne à ſervir , je ſerai tres-aiſe de ſon contentement en cela & en toute autre choſe.

J'A y connoiſſance de deux ſortes de vernis & de deux ſortes d'eaux fortes que je décrirai chacune en ſeur rang.

Le verni de la premiere ſorte étant froid demeure en conſiſtence comme l'huile graſſe ou ſirop tranſparent & de couleur rouſſatre ; & étant mis ſur la planche on l'y fait ſécher comme il ſera dit, en façon qu'il y devienne dur, & de là on le nomme verni dur.

Le verni de la ſeconde ſorte étant froid ſe tient en maſſe d'une conſiſtence à peu prés de poix ou de cire noire ; & étant appliqué ſur la planche, on ne fait que l'y noircir ou blanchir, comme je dirai, ſans le ſécher, en ſorte qu'il y conſerve toute ſa moleſſe ; & de là on le nomme verni mol.

La premiere ſorte d'eau forte eſt faite de vinaigre, verdet, ſel armoniac, & ſel commun, boüillis ſeulement enſemble : & d'autant qu'il ne s'en vend point je donnerai la maniere de la faire.

La ſeconde ſorte eſt faite de vitriol & de ſalpeſtre, & par fois encore d'alun de roche, diſtillez artiſtement enſemble: c'eſt celle dont les Affineurs ſeſervent à ſeparer l'or d'avec l'argent & le cuivre, qu'ils nomment autrement eau de départ: & d'autant que l'on en trouve à acheter chez les Affineurs & autres, je ne décrirai point la maniere de la faire.

Cette eau forte ainſi diſtillée ou de depart n'eſt point bonne que ſur le verni mol, & ne vaut rien ſur le dur à cauſe qu'elle le diſſout.

L'autre qui n'eſt que boüillie, eſt bonne également ſur toutes ſortes de vernis & dur & mol, d'autant qu'elle n'en diſſout aucun.

Je me ſuis en ce traité plus étendu ſur la maniere de graver par le moyen du verni dur que du mol, à cauſe qu'ellemeſemble preferable ; neanmoins j'ai mis auſſi celle du mol, d'autant qu'elle ſert extremement en beaucoup d'occaſions, comme vous pourrez voir cy-aprés: Car mon intention dans cet œuvre eſt comme j'ai dit, d'expoſer en public toutes les manieres deſquelles je me ſers à graver en Taille Douce par le moyen de l'eau forte. Et pour cela voici l'ordre que j'y tiens.

LA MANIERE DE FAIRE
le Verni dur pour graver à l'eau forte
sur le Cuivre rouge.

PRENEZ cinq onces de poix greque, ou à défaut d'icelle, de la poix grasse autrement de Bourgogne : cinq onces de raisine de Tyr ou Colofone, ou aussi à défaut d'icelle, de la raisine commune : Faites-les fondre ensemble sur un feu mediocre, dans un pot de terre neuf bien plombé & vernicé & bien net ; ces deux choses bien fonduës & bien mêlées ensemble, mettez-y parmi quatre onces de bonne huile de noix ; mêlez bien le tout ensemble sur ledit feu durant une bonne demie heure ; puis laissez cuire bien le tout jusques à ce qu'en ayant mis refroidir, le touchant avec le doigt il file comme un sirop bien gluand : Lors vous retirerez le pot de dessus le feu ; & ledit verni étant un peu refroidi passez le dans un linge neuf en quelque vaisselle de fayence ou de terre bien plombée ; puis le serrez dans quelque bouteille d'un verre épais, ou dans quelque vaisseau qui n'en boive pas & se puisse bien boucher : Le verni fait de la sorte se gardera vingt ans & n'en est que meilleur.

J'ay sçû par feu Monsieur Callot qu'on lui envoyoit son Verni tout fait d'Italie, & qu'il s'y fait par les Menuisiers, qui s'en servent pour vernir leurs bois ; ils le nomment VERNICE' GROSSO DA LICNAIOLY, il m'en avoit donné, dont je me suis servi long temps, à present je me sers de celui dont la description est cy-dessus.

A

LA MANIERE DE FAIRE LA
Composition ou Mixtion du suif, & huile pour couvrir aux planches ce que l'on veut que l'eau forte ne creuse pas davantage.

PRénez une écuelle de terre plombée, grande ou petite, suivant ce que vous voulez faire de composition ou mixtion.

Mettez-y dedans une portion d'huile d'olive, & posez ladite écuelle sur le feu, puis l'huile étant bien chaude, jettez-y dedans du suif de chandelle, lequel étant fondu vous en prendrez avec un pinceau, & en laisserez tomber quelques gouttes sur quelque chose de dur & de froid, par exemple sur une planche de cuivre, & si les gouttes se rendent moyennement figées & fermées c'est un témoignage que la dose du suif & huile est bien faite; Car vous jugez bien qu'étant trop liquide c'est qu'il y a trop d'huile, & cela étant, il faut y remettre du suif ; & aussi par la même raison qu'étant trop dure, il faut y remettre de l'huile. L'ayant donc fait de bonne sorte, vous ferez tres-bien boüillir le tout ensemble l'espace d'une heure, afin de faire bien mêler & lier l'huile & le suif ensemble, & jusqu'à ce que ladite mixtion devienne rousse ou approchant, autrement ils sont sujets à se separer quand on s'en sert.

Le sujet pourquoi l'on met de l'huile avec le suif, n'est à autre fin que pour rendre le suif plus liquide, & qu'il ne se fige pas si-tôt : Car vous sçavez que si vous aviez fait fondre du suif tout seul, vous ne l'auriez pas si tôt pris avec le pinceau pour le porter au lieu necessaire, qu'il seroit figé.

Il faut mettre davantage d'huile avec le suif en hyver qu'en été.

Fig. den haut
O
O
Fig. dembas

MANIERE DE FAIRE L'EAU
forte pour le verni dur.

J'Ay dit que cette eau forte se fait de *vinaigre*, *sel armo-niac*, *sel commun*, & *verdet*, autrement, *verd de gris* ou *verd de rame*.

Le *vinaigre* doit être du meilleur, plus fort & plus paillet; le blanc est d'ordinaire le meilleur.

Le *sel armoniac* doit être bien clair, transparent, blanc, pur & net.

Le *sel commun* doit aussi être net & pur.

Le *verdet* encore doit être pur, net, & sec, sans raclu-te de cuivre, & sans grapille de raisins dont il se fait.

Le sel armoniac, & le verdet, se vendent d'ordinaire chez les Droguistes ou Epiciers.

Composition de l'Eau Forte.

PRenez trois pintes de *vinaigre*, six onces de *sel ar-moniac*, six onces de *sel commun*, quatre onces de *verdet*, ou du tout à proportion selon que vous voulez faire plus ou moins d'eau forte, pilez les choses dures as-sez menu.

Mettez le tout ensemble dans un pot de terre bien plombé ou vernicé principalement par dedans, & qui soit d'une mesure à en contenir davantage, afin que faisant boüillir ce qui sera dedans, il ne s'en aille par dessus: couvrez le pot de son couvercle; puis mettez-le sur un grand feu, & faites boüillir promptement le tout ensem-ble deux ou trois gros boüillons & non davantage: Quand vous jugerez à peu prés que le boüillon veut venir & non plûtôt, découvrez le pot & remuez le tout ensemble de fois à autre avec quelque petit bâton, prenant garde qu'alors ledit boüillon s'éleve, que l'eau forte ne s'en ail-le pardessus; & c'est pourquoi j'ai dit qu'il falloit que le pot fût grand, à cause que d'ordinaire lors qu'il commen-ce à boüillir cela s'enfle & surmonte fort.

Ayant donc boüilli deux ou trois boüillons, vous reti-rerez le pot du feu & y laisserez refroidir l'eau forte de-dans, le tenant couvert; Et étant refroidie vous la versa-

rez dedans une bouteille de verre où de grés , la laissant
repofer un jour ou deux avant que vous en fervir ; & si en
vous en fervant elle étoit trop forte , & qu'elle mît vos
hacheures en pasté , en éclatant le verni , vous n'avez qu'à
la moderer en y mêlant un bon verre ou deux du même
vinaigre dont vous l'avez faite.

*LE VINAIGRE DISTILLE' est aussi tres-excellent pour
faire de ladite eau forte , & n'est pas si sujet a faire éclater le Verni.*

MOYEN DE CONNOISTRE LE

*bon cuivre rouge , le faire forger en plan-
ches , & le polir & dégraisser, avant que de
mettre le verny dessus.*

POur la graveure en taille douce tant au burin , qu'à
l'eau forte, le cuivre rouge est receu pour le meilleur;
il y a le jaune que l'on nomme autrement *leton* , lequel est
communément trop aigre, & souvent pailleux & mal net:Il
y en a du rouge , lequel a ces mauvaifes qualitez & qui par
confequent est à rejetter , d'autant que l'ouvrage que l'on
feroit deffus à l'eau forte paroîtroit trop rude & maigre.
Il s'en rencontre aussi qui est quasi mol comme du plomb,
& ce n'est pas encore de la forte qu'il le faut , à caufe que
venant à appliquer l'eau forte fur ce que vous avez tracé
deffus , elle y demeure long-temps & ne creufe que fort
peu , & ce qui est le pis , elle éclatte le verni & fait les
traits & hacheures mal nettes , autrement boueufes ou
bourruës ; & pour m'expliquer mieux , c'est par comparaifon comme si l'on faifoit à la plume avec de l'encre , quelques hacheures fur du papier qui boive un peu , cela fait
que les traits ne font pas nets, & qui plus est ils fe mettent
quasi les uns avec les autres , qui fait que je ne m'étonne
pas si l'eau forte fait ainsi enlever le verni; Car trouvant
le cuivre si mol & si porreux elle le foüille & avance facilement fous le verni , qui par confequent vient à quitter le
lieu où il étoit appliqué.

Il s'en rencontre aussi qui a des veines , lefquelles font

molles & aigres ; il y en a d'autre qui eſt plein de petits trous que l'on nomme cendreux , & d'autre rempli de petites tâches qu'il faut brunir, qu'on nomme teigneux.

Mais le bon cuivre rouge eſt plein, ferme, & doux, & l'on peut connoître s'il eſt tel en y gravant avec le burin : Car s'il eſt aigre, vous ſentirez de la peine & du criqueti en l'y faiſant entrer, & s'il eſt mol, il ſemble que vous touchez du plomb.

Au lieu qu'étant bon, le burin y entre ſans ſentiment de criqueti ni de moleſſe, mais avec un peu de force & une fermeté pleine & douce, comme quand l'on touche l'or & l'argent à comparaiſon des autres metaux.

MANIERE DE FAIRE FORGER
& polir le cuivre.

IL n'eſt pas abſolument neceſſaire à celui qui deſire graver de ſçavoir faire forger & polir lui-même ſon cuivre, Mais d'autant que l'on ſe peut trouver en des lieux où l'on n'en trouveroit que comme les Chaudroniers l'achetent, j'ai trouvé à propos de l'enſeigner ; même que cela vous peut donner la connoiſſance pour voir s'il eſt bien poli pour y pouvoir faire une graveure nette.

Quand vous ſerez aſſuré de la bonne qualité du cuivre vous donnerez à un Chaudronnier la meſure des grandeur & épaiſſeur dont vous voudrez la planche.

Une planche de la grandeur que les ouvriers nomment grande demie feüille, & qui eſt d'environ douze pouces d'un côté & neuf de l'autre, doit avoir à peu prés l'épaiſſeur d'un têton, & à proportion pour les autres grandeurs.

Vous recommanderez de la bien forger & applanir à froid ; car étant ainſi bien forgée le cuivre en vient beaucoup moins poreux, & cela eſt de tres grande conſequence.

Enſuite vous prendrez la planche ainſi forgée, & en choiſirez le côté le plus uni & le moins pailleux ou jerſeux, & la poſerez ſur un ais un peu en penchant, au bas duquel vous aurez fiché deux petits cloux ou leurs pointes, pour y retenir & arrêter la planche afin qu'elle ne gliſſe.

A iij

Lors pour commencer à la polir, *vous* prendrez un gros morceau de grés , & de l'eau nette , & la frotterez avec cela bien fermement & également par tout une fois selon sa longueur, & puis selon sa largeur , en la mouillant de fois à autre , jusques à ce qu'il n'y paroisse plus aucune fosse ni marque ou tache des coups que le marteau y a faits en la forgeant, ni aucuns trous ou paille ou autre sorte d'inegalité : Puis vous la laverez en sorte qu'il n'y demeure rien dessus.

Aprés cela vous prendrez de la *pierre ponce* bien choisie , & en frotterez ladite planche avec de l'eau comme vous avez fait avec le grés en long & en large , tant & tant de fois & si fermement & également qu'il n'y paroisse plus aucune trace ni raye dudit grés : & enfin la laverez bien.

Derechef vous ferez la même chose encore avec une pierre douce à éguiser , & de l'eau , tant que les traces de la ponce soient toutes perduës : *Ladite pierre douce à éguiser est d'ordinaire de couleur d'ardoise , il s'en trouve aussi de couleur d'olive & de rouge.*

Cela fait vous laverez si bien vôtre planche avec de l'eau claire & nette , qu'il n'y demeure aucune poussiere ou ordure dessus.

Lors vous prendrez un charbon de ceux que vous aurez choisi & brûlé de la sorte qui suit : Sçavoir trois ou quatre charbons de saule bien doux , gros & pleins sans être fendillez , & dont communement les Orfévres se servent à souder : vous en ratisserez bien l'écorce , puis les rangerez ensemble dans le feu , les couvrant d'autres charbons allumez , & de quantité de cendre rouge par dessus , de sorte qu'ils y puissent demeurer sans prendre beaucoup d'air une heure & demie plus ou moins selon la grosseur des charbons, d'autant qu'il faut que le feu les ait atteints jusques au cœur, & qu'il n'y reste aucune vapeur ; c'est pourquoi il est mieux les y laisser plus que moins : & lors que vous jugerez qu'ils soient en état de les ôter du feu , vous mettrez de l'eau commune en quelque vaisseau assez grand pour les contenir tous ; puis vous les retirerez du feu , & à même temps les jetterez tout ardens

dans ladite eau pour les y éteindre & laisser refroidir ; il
y en a qui se servent d'urine au lieu d'eau , mais pour moy
je trouve l'eau assez bonne.

Maintenant pour vous servir de ces charbons à achever
d'en polir vôtre cuivre, vous en choisirez comme dessus ,
un ou un morceau d'un qui soit assez gros & ferme , & qui
se soit bien maintenu au feu sans se fendiller : Vous le tien-
drez bien avec la main & appuyant une de ses carnes ou
angles contre la planche , vous l'en frotterez fermement
pour ôter les traits de la pierre, il n'importe de quel sens
pourvû que tous ces traits s'en aillent ; & s'il arrive que
le charbon ne fasse que glisser sur le cuivre sans y mordre ,
c'est signe qu'il n'est pas bon, & faut en choisir un autre qui
ait cette qualité, qu'alors que vous le poussez sur le cuivre
avec de l'eau vous l'y sentiez âpre & qu'il le mange en
faisant un doux bruit ; & l'ayant tel vous le passerez toûjours d'un même sens sur vôtre planche tant & tant de
fois qu'il ne paroisse plus en tout sur icelle aucune raye ,
paille ou trous pour petits qu'ils soient.

Et si d'avanture (comme il se rencontre assez souvent)
le charbon est un peu trop acre ou rude , & qu'il morde
le cuivre trop rudement , vous en pourrez choisir un qui
soit un peu plus doux , & le repasser avec de l'eau dessus le
poliment du premier.

Et si aprés avoir fait ce qui se peut avec le charbon , il
paroissoit encore quelques rayes ou trous, vous prendrez
une pointe d'acier bien polie & arondie par ses bouts, que
l'on nomme ordinairement brunissoir, & la faisant passer
en appuyant ou brunissant sur lesdites rayes ou trous, fortement ou legerement suivant leur profondeur , vous verrez qu'elles s'en iront , & ne sera point mal de repasser encore le charbon sur ces endroits là.

Vôtre planche étant donc ainsi bien polie, vous la laverez
d'eau bien nette, & la presenterez devant le feu par l'envers
afin qu'il desseiche l'eau qui est restée dessus ; étant sei-
che vous l'essuyerez avec un linge bien net ; & pour être
assuré qu'il n'y ait rien de gras sur icelle, vous y passerez
dessus en frottant de la mie de pain bien rassis ; ou bien
ayant bien ratissé sur ladite planche du blanc de craye bien

doux vous la frotterez plusieurs fois avec un linge bien net,
puis vous l'essuyerez bien & de sorte qu'il n'y demeure ni
pain ni blanc dessus , ni aucune autre ordure.

La planche étant en cet état est preste à y appliquer le
verni.

L'on peut encore faire ceci pour être asseuré que la planche soit bien polie, c'est de l'envoyer à l'Imprimeur de
Taille-douce , afin qu'il l'encre de noir par tout comme si
elle étoit gravée , & qu'il en tire une épreuve sur du papier blanc : & si le cuivre est bien poli, ledit papier n'en
doit avoir perdu sa blancheur ; Mais aprés il faut être soi-
gneux de si bien dégraisser ladite planche qu'il n'y reste
dessus aucune partie du noir à l'huile de l'Imprimeur ni
aucune autre saleté.

MANIERE D'APPLIQUER LE
verni dur sur la planche , & l'y noircir.

VOstre planche étant parfaitement dégraissée & es-
suyée comme j'ai dit, vous la mettrez sur un réchaut
dans lequel il y ait un peu de feu , & quand elle y sera venuë mediocrement chaude vous l'en ôterez,& prendrez dudit verni avec un petit bâton ou autre telle chose nette ,
& en mettrez un petit tas sur le bout d'un de vos doigts ,
& en touchant legerement la planche plusieurs fois avec ce
bout de doigt, vous y appliquerez ledit verni le plus également que vous pourrez par petites plaques espacées de
distances à peu prés égales; comme la figure d'en haut
vous represente , la planche marquée O ; & prenez garde
de n'en mettre en l'une guere plus qu'en l'autre, & si vôtre planche O étoit refroidie , vous la ferez rechauffer
comme devant, ayant toûjours soin qu'il n'y vole dessus
aucune poudre ou ordure. Cela fait , ayant bien essuyé la
partie charnuë de la paume de vôtre main qui repond au petit doigt , vous tapperez de cet endroit sur ladite planche , jusques à ce que toutes ces petites plaques de verni ,
couvrent bien également & uniement toute l'étenduë de
sa face polie.

B
C
D
P

Auſſi-tôt ce tappement fait, il faut paſſer encore la même paume de la main ſur la planche comme en eſſuyant ou coulant ſur ledit verni tapé, afin de le rendre plus uni & plus luiſant, & ſur tout ayez ſoin de deux choſes; l'une, qu'il y ait tres-peu de verni ſur la planche; l'autre de n'avoir point la main ſuante, d'autant que l'eau de la ſueur s'attache au verni, & en ſentant le feu elle y fait en boüillonnant des petits trous leſquels on ne voit preſque pas, & ſi l'on n'y prenoit garde lors que l'eau forte feroit ſon operation ſur l'ouvrage que l'on auroit fait, elle la feroit auſſi en même temps ſur ces petits trous.

Vôtre verni étant donc ainſi bien uniement étendu ſur vôtre planche, le moyen de le rendre noir, eſt de prendre une groſſe chandelle de bon ſuif bien allumée & qui ne petille point, & appliquer vôtre planche le verni en deſſous par un de ſes coings contre le mur comme la figure d'embas vous repreſente; en prenant garde que les doigts qui la tiennent ne touchent au verni; puis tenant vôtre chandelle à plomb vous en appliquerez la flamme contre ledit verni, l'approchant tant prés que vous voudrez, pourveu que ſon moucheron ne le touche; & ainſi vous la conduirez par toute l'étenduë du verni tant de fois qu'il en ſoit tout noircy, ayant ſoin de la moucher de temps en temps afin qu'elle laiſſe mieux aller ſa fumée.

Cela fait, il faut faire cuire ou ſecher ledit verni, comme je vais dire enſuite, & en attendant il vous faut poſer vôtre planche ainſi vernie, en telle ſorte qu'il n'y aille point d'ordure deſſus.

LA MANIERE DE FAIRE
ſeicher ou durcir le verni ſur la planche avec le feu.

Faut avoir fait bien allumer une quantité de charbons qui ne petillent point s'il y a moyen, & en dreſſer un braſier plat & de la forme de vôtre planche, mais de plus grande étenduë, pour la mettre deſſus.

Cette figure vous montre comme vous pouvez faire cela

dans une cheminée à l'aide de deux petits chenets pour
supporter la planche , & avant que l'y mettre vous attacherez en haut comme B C D une serviette, ou autre telle
chose étenduë par dessus le feu , pour empêcher qu'au-
cunes ordures de la cheminée ou autres viennent à tomber aprés sur la planche.

Je vous dirai la maniere de dresser le brasier à cause
qu'elle est de consequence , nonobstant que sans discours,
la figure vous en pourroit donner l'intelligence

Premierement , vôtre charbon étant allumé de sorte
qu'il ne flambe ni ne petille plus, vous l'arrangerez en une
forme approchant de celle de vôtre planche , mais toutefois plus étenduë d'environ quatre doigts tout à l'entour
ou de chaque côté ; mettant le plus de braise aux extremitez & n'en laissant quasi point au milieu.

Vôtre feu donc étant ainsi accommodé , vous mettrez
vôtre planche O à l'envers sur des pincettes ou autre telle
chose pour la poser avec cela sur les chenets justement au
droit du milieu de vôtre brasier, comme en P , & l'y ayant
laissé l'espace du quart d'un demi quart d'heure ou environ , principalement en hiver , vous verrez fumer le verni : Et quand vous jugerez que la fumée en diminuera ,
vous ôterez la planche de dessus le feu : & avec un petit
brin ou bâton de bois dur & pointu , vous l'y toucherez
au bord sur le verni, & si ledit bout de bois enleve facilement ledit verni ; en le trouvant encore mol , il faut remettre la planche comme elle étoit sur le feu : & l'y ayant
laissée encore un peu, vous la toucherez derechef avec ledit bâton , & s'il n'enleve nettement le verni qu'avec un
peu de force , il faut ôter à l'instant la planche de dessus
le feu , & la laisser refroidir,

Que si le verni resiste bien fort au bâton , il faut jetter
de l'eau par le derriere de la planche pour la faire refroidir promptement , afin que sa chaleur ne le rende trop dur
& même le brûle.

Souvenez-vous sur tout pendant que la planche est sur
le feu, d'empêcher qu'il n'aille aucune cendre ou autre ordure sur le verni ; d'autant qu'elle s'y attache & ne s'en
sçauroit aprés ôter : Mais quand il est achevé de durcir

il n'y a plus rien à craindre ; & s'il y en va vous l'en pourrez ôter avec quelque chofe de doux.

Quand le verni eſt ainſi cuit & qu'il vient avec des taches griſatres & mattes, on les rend noires & luiſantes
comme le reſte, en frottant un bout de doigt d'un peu de
ſuif ou de mixtion de cy-devant, & tappant aprés legerement de cela ſur leſdites taches ; puis avec la paume
de la main, eſſuyant fermement de tous ſens leſdits endroits pluſieurs fois.

MANIERE DE S'APPRESTER
pour deſſigner, contretirer ou calquer ſon
deſſein ſur la planche vernie.

IL y a deux moyens de marquer ce qu'on veut faire ſur
la planche vernie de verni dur.

Le premier eſt d'avoir de tres-bonne ſanguine bien douce & bien graſſe ; Mais il eſt tres-difficile d'en trouver de
ſi excellente qu'elle ne ſoit ſujette à faire des rayes ſur
le verni : C'eſt pourquoi je ne m'arrêterai point à cette maniere ; Et je trouve à propos de ne s'en ſervir que par neceſſité, comme lors qu'ayant calqué ſon deſſein ainſi que
je vais dire enſuite, on y veut changer où l'on a oublié d'y
calquer quelque choſe : C'eſt pourquoi je ne dirai que le
ſecond moyen, qui eſt de faire & arrêter bien correcte-
ment au crayon, à la plume ou au pinceau vôtre deſſein
ſur du bon papier ; & en rougir aprés le derriere avec de
la poudre de bonne ſanguine, en l'eſplandant deſſus & la
frottant avec un petit linge, en ſorte qu'il ſoit bien également rouge par tout : Alors ayant ôté ladite poudre de
deſſus, vous paſſerez par deſſus ledit papier rougi ſept ou
huit fois la paume de vôtre main, afin que la poudre de
ladite ſanguine s'y attache bien, & par ainſi ne puiſſe bar-
boüiller le verni ; & ſi d'avanture vous êtiez obligé d'hui-
ler vôtre deſſein, comme il arrive ſouvent qu'il eſt à droit,
& par conſequent y étant gravé il viendoit à gauche à
l'Impreſſion ; ou bien que vous ne voudriez pas le gâter
de ſanguine par le derriere, vous prendrez un papier aſſez

fin de la grandeur de vôtredit deſſein , & le frotterez de ſanguine d'un côté , comme j'ay dit cy-devant. Et appliquerez le côté rougi ſur vôtre planche contre le verni ; puis y mettrez vôtre deſſein par deſſus & l'attacherez ſur ladite planche & papier rougi , de ſorte que rien n'en puiſ-ſe varier ni ſe remuer ſeparement en aucune façon : Et pour ce faire , vous les ferez tenir enſemble avec de la cire mole ou d'Eſpagne ou autre ſemblable.

LE MOYEN DE CONNOISTRE les bonnes Eguilles pour en faire des outils , & de les emmancher pour être propres à graver.

Vous prendrez des *Eguilles caſſées* de pluſieurs groſ-ſeurs,& en choiſirez de celles qui ſe rompent net ſans ſe courber aucunement & dont le grain eſt fin : Vous aurez de petits bâtons ronds & de la longueur d'un demi pied & gros comme des groſſes plumes à écrire ou plus groſſes pour le meilleur, d'un bois ferme & non ſujet à éclater , aux bouts deſquels vous ferez entrer de ces éguilles que vous aurez choiſies , en ſorte qu'elles ſortent hors dudit bâton de la longueur approchant comme vous allez voir en une figure qui ſuit, & quand vous en aurez emmanché de trois ou quatre groſſeurs , vous les aiguiſerez comme je vais dire.

LA FORME QU'IL FAUT DONNER aux bouts des Eguilles , & la maniere de les aiguiſer.

IL faut avoir de deux ſortes *d'outils* pour graver ſur le verni , l'un que je nomme *Pointe*, l'autre *Echoppe* ; vous voyez en la figure en haut de la planche qui ſuit la repreſentation des pointes , & en celle d'enbas celle des échoppes.

Ayant emmanché des Eguilles de pluſieurs groſſeurs ,

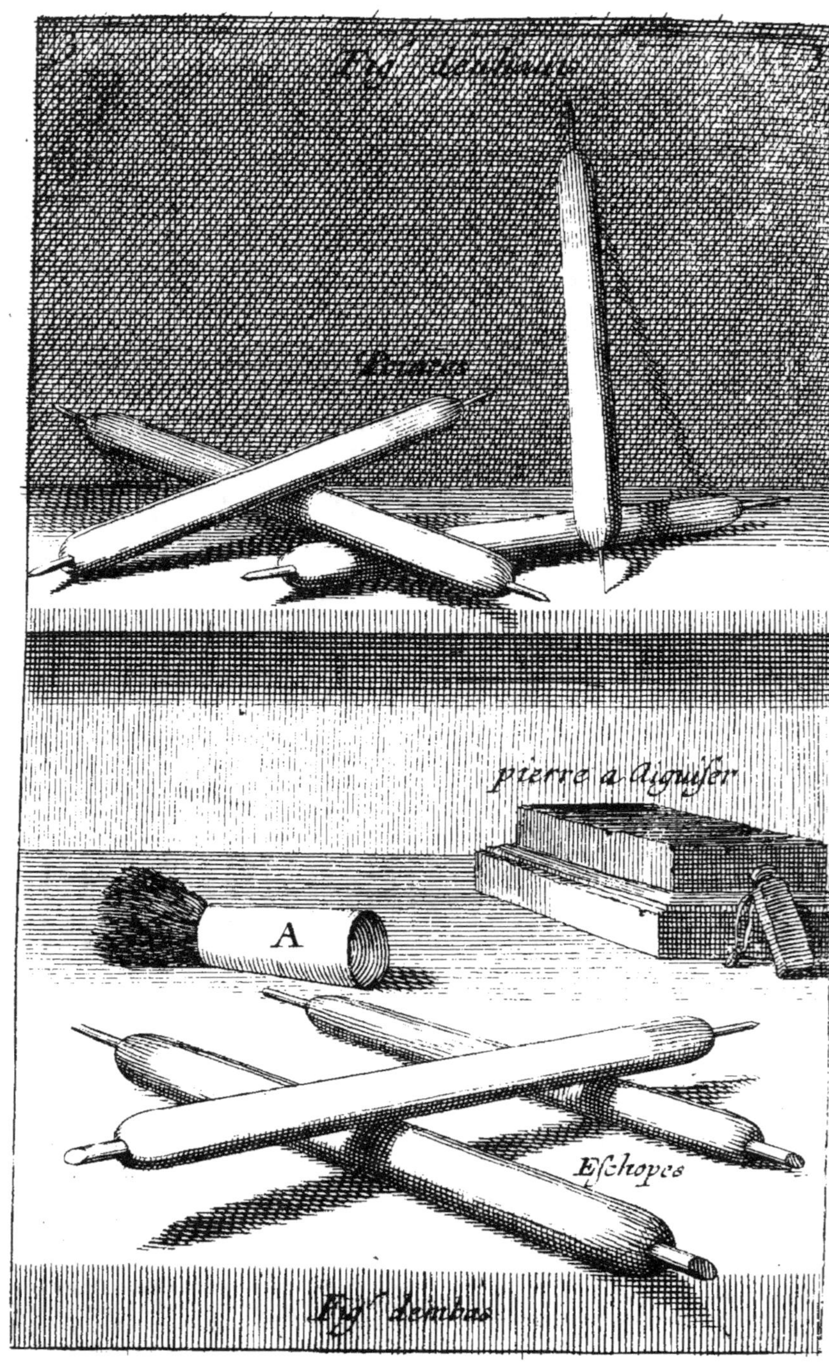

Fig: de dessus
broisse
pierre a aiguiser
A
Eschopes
Fig: de dessous

comme ces figures vous montreront , vous reſeverez les groſſes pour faire des Eſchopes , & les déliées & moyennes pour des Pointes.

Pour les pointuës vous en éguiſerez trois ou quatre de differente groſſeur , & pointuës quaſi à l'ordinaire des éguilles à coudre , à la reſerve des groſſes, dont le bout doit être éguiſé plus à coup ; j'ay dans la figure d'enhaut tâché de les repreſenter de la ſorte que je veux dire.

Puis vous en aiguiſerez deux ou trois encore de differente groſſeur, en ſorte que la pointe ſoit platte ou en biſeau , & même quaſi en forme d'une échoppe d'Orphévre , ou de la face d'un burin, comme je l'ai repreſenté en la figure d'enbas : Vous vous ſouviendrez qu'il faut pour les aiguiſer être fourni d'une pierre à huile qui ne morde pas trop fort , afin qu'elle face un tranchant bien vif ; car quand ladite pierre eſt rude & qu'elle mange trop fort , elle ne mange pas nettement , & il y demeure des ébarbures autour deſdites pointes , qui ſont extremement prejudiciables en gravant ſur le verni : Sur tout il faut que les éguilles pointuës ſoient aiguiſées en pointe bien arrondie , afin qu'elles aillent & viennent facilement & coulamment de tous ſens ſur le cuivre & verni: Car ſi elles ne ſont ainſi vous ſentirez bien qu'elles n'iront pas toûjours de la ſorte ſur vôtre verni ; & vous aurez de la peine à les y conduire à vôtre volonté : Et pour les Echopes , à celles que vous voudrez qui faſſent de gros traits , vous ne ferez pas l'ovale ou face biſelée fort longue.

Et ſi en travaillant ſur le cuivre , vous ſentiez qu'ayant un peu travaillé , vos Pointes ou Echopes n'y mordent pas vivement & nettement , ſçachez que la trempe deſdites éguilles n'en vaut rien pour cet ouvrage , & ne vous en ſervez pas , car il vous les faudroit aiguiſer à chaque trait que vous en feriez.

Reſte à vous dire la maniere d'aiguiſer vôtre pointe à calquer ou contretirer vos deſſeins ſur le verni

Prenez une de vos moyennes pointes , & l'accommodez ſur la pierre à aiguiſer en ſorte qu'elle coule de tous côtez ſur le papier , & qu'elle ne l'écorche point : Car vous jugez bien qu'étant par trop pointuë , en venant à la tour-

14

ner d'un côté ou d'autre fur le papier, fuivant les contours
qui compofent vôtre deffein , elle ne manqueroit pas à
l'écorcher ; c'eft pourquoy vous ferez en forte qu'elle foit
un peu mouffe & polie, pour couler de tout fens doucement & librement ; fans gratter , écorcher, ni trancher
le papier en appuyant deffus affez fort.

J'ay mis ci-devant en la figure d'enbas la forme d'un
gros pinceau fait de poil de gris marqué A, dont vous avez
befoin d'être fourni pour vous fervir d'épouffete, pour
ôter de deffus vôtre verni ce qui en fort lors que vous graverez , & même les ordures qui y peuvent être tombées
deffus ; cela fe peut bien faire avec la barbe ou aîleron
d'une plume , mais un tel pinceau m'y femble meilleur.

MANIERE DE CONTRETIRER
ou calquer le deffein fur le Verni.

JE vous ai dit cy-devant , la methode d'appliquer & arrêter fermement fur vôtre planche *le deffein* que vous y
voulez graver, & voici la maniere de le contretirer ou
calquer.

Ayant vôtre deffein arrêté bien fixe fur la planche, vous
prendrez une pointe à calquer ; & la pafferez fur tous les
contours des figures qui le compofent, en l'appuyant affez
fort & également, fur tout quand il y a deux papiers ; car fi
vôtre deffein étoit rougi par derriere, il ne faut pas appuyer fi fort que s'il y a deux papiers , foit que l'un foit
huilé , foit que non ; car fi le deffein n'eft pas rougi par
derriere , & que le rouge foit fur un autre papier, ce font
deux papiers que vous avez fous vôtre pointe ; & par confequent il vous faut appuier une fois plus fort que s'il n'y
en avoit qu'un , à fçavoir le deffein rougi par derriere:
Cela fait vous devez fçavoir que tous les contours de vôtre
deffein fur lefquels vous aurez paffé comme cela vôtre
pointe , feront marquez empreints , ou calquez au verni
de la planche,

Aprés cela fi vôtre deffein eft rougi par le derriere
vous l'ôterez en l'enlevant adroitement & proprement de

deſſus la planche ſans qu'il la frote aucunement : Et ſi vous
avezrougi un autre pap.er, vous ôterez premierement vôtre
deſſein & enſuite enleverez comme j'ai dit le papier rougi,
& ayant découvert le verni, vous tapperez ſur ce qu'il y a
de tracé de rouge avec le gras de la paulme de vôtre main
à plomb, & en tappant vous eſſuyerez bien de temps en
temps à quelque linge net le rouge qui pourra s'être attaché à vôtre main afin de n'en tranſporter point d'un endroit à l'autre de vôtre planche : Et ayant ainſi tappé par
tout, vous verrez que vos contours qui étoient rouges de-
viendront de couleur blanchâtre; & ſeront par ce moyen
attachez fermement au verny.

Cela étant vous prendrez ce gros pinceau de poil de gris
dont j'ay parlé cy devant, ou bien une barbe ou aîleron de
plume; & la paſſerez par tout ſur ledit verni, en eſſuyant
ou balayant, en ſorte qu'il n'y reſte aucune ordure : Et
pour travailler le meilleur eſt, de poſer la planche ſur un
pupiltre ou autre telle choſe.

LE MOYEN DE CONSERVER
le Verni ſur la planche lors qu'on y veut
graver.

VOſtre planche étant ſur un pupiltre ou choſe ſemblable, vous luy mettrez ſur le verni une feuille du
plus doux papier, & ſur cette feuille vous en mettrez une
autre de papier gris ou ſemblable : Ces papiers ſont pour
appuier la main en travaillant & empêcher qu'elle ne touche au verni; & davantage quand il s'agit de tirer des lignes droites, poſer la regle en partie ſur leſdits papiers,
afin qu'elle ne touche non plus audit verni.

Sur tout il faut bien prendre garde à n'enfermer aucune
ordure entre ces papiers & la planche, car vous jugez que
s'il s'y étoit engagé de la pouſſiere, du gravier ou autre
telle choſe, en s'appuyant ſur leſdits papiers, & en les
tournant ou retournant ſur ledit verni aux occaſions, cela ne manqueroit à y faire des rayes & des trous; & ſi
c'étoit du ſuif ou autre choſe graſſe, elle s'attacheroit au

verni ; & qui pis eſt elle entreroit dans les traits & hacheures que vous auriez faites ; c'eſt pourquoi il y faut bien
prendre garde. Je n'ai daigné faire une figure de cela, ne
l'ayant jugé neceſſaire : Outre qu'ailleurs j'ai repreſenté
dans une planche qui ſe voit publiquement, deux Graveurs
qui gravent, l'un à l'eau forte, l'autre au burin.

MANIERE DE GRAVER SUR
le Verni.

VOus avez à conſiderer en la graveure pluſieurs choſes ; ſçavoir que vous devez faire pluſieurs lignes &
hacheures de diverſes groſſeurs droites & courbes ; ainſi
vous jugez bien que pour en faire de bien déliées il ſe faut
ſervir d'une pointe déliée, & pour d'autres plus groſſes,
d'une pointe plus groſſe, & ainſi des autres: Mais il eſt neceſſaire de faire cette obſervation, que d'une groſſe é-
guille aiguiſée en pointe courte il eſt difficile de faire un
gros trait autrement que par trois voyes.

La premiere en appuyant bien fort ; & la pointe étant
courte & groſſe elle ſe fait un plus large paſſage : Mais ſi
vous conſiderez bien cette maniere, le trait n'en ſçauroit
venir bien net, d'autant que e rond de la pointe ne tranche
pas le verni, mais l'entraîne en bavochant.

La ſeconde maniere eſt en faiſant pluſieurs traits extrê-
mement prés les uns des autres, & en groſſiſſant à pluſieurs repriſes, mais ce'a eſt trop long & difficile.

Et la troiſiéme de faire un trait moyennement gros &
y laiſſer long-temps l'eau forte deſſus : Mais il y a là-deſ-
ſus à dire, comme je feri voir en ſon lieu.

Or par l'experience que j'en fais tous les jours, je trouve que les échopes ſont plus propres à faire de gros traits,
que ne ſont les pointes, à cauſe qu'elles tranchent par leurs
côtez, ce que les pointes ne font pas : Et aprés que je
vous aurai dit le moyen de manier les pointes pour les
choſes auſquelles elles ſont propres, je vous dirai la maniere auſſi de manier les Echoppes aux endroits auſquels
elles ſont preferables aux pointes ; par où vous jugerez que
c'eſt un moyen de faire ces gros traits aſſez nets.

MANIERE

4 pour auec les points fe les traits gros et deliés 4
fuiuant les Occáions

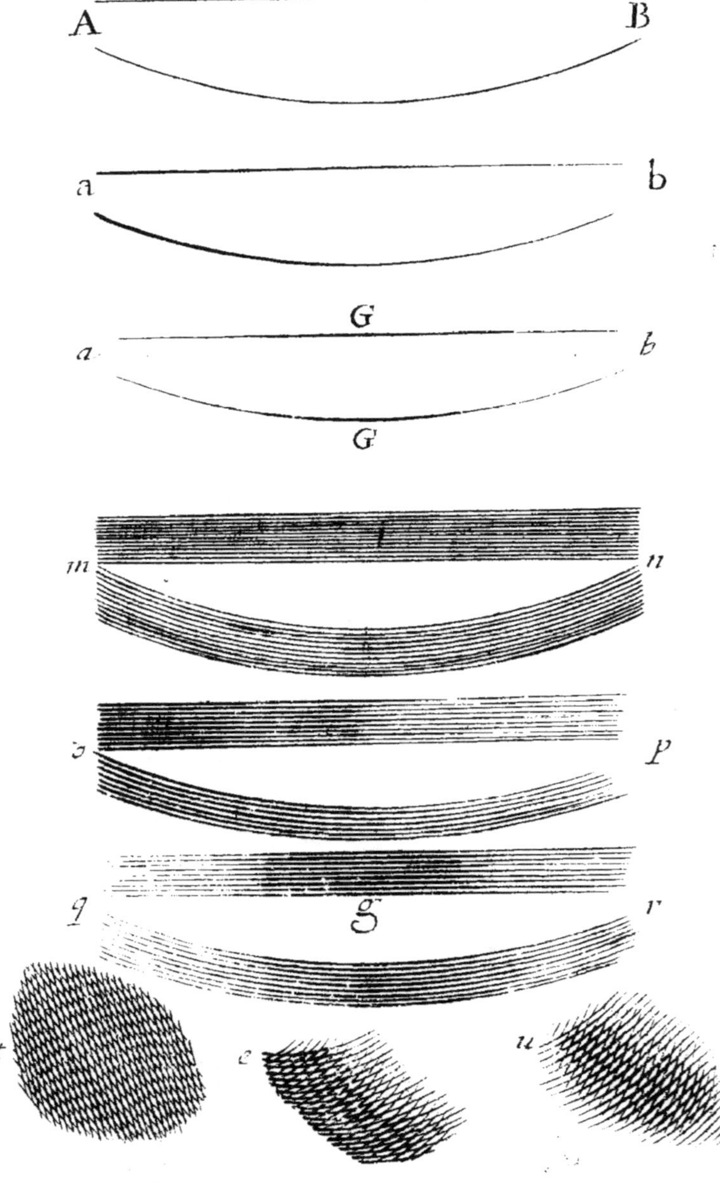
A B
a b
G
a b
G
m n
o p
q g r
t e u

MANIERE DE GOUVERNER
les Pointes sur la Planche.

VOus jugez bien par ce que que j'ai dit ci-devant, qu'il faut que vos pointes à graver soient aiguisées bien rondement, afin qu'elles tournent librement sur le cuivre, & sur tout, qu'elles ayent leurs pointes fort vives, afin de trancher net le verni & le cuivre en tout sens ; & si vous sentez que vôtre pointe n'aille pas ainsi librement de tout sens, elle n'est pas aiguisée rondement.

Or si vous avez à faire des lignes ou hacheures de grosseur égale d'un bout à autre, soit droites soit courbes, comme les deux lignes A B, figure d'enhaut vous representent, le sens naturel vous dit qu'il faut appuyer vôtre pointe toûjours d'une même force en toute leur longueur.

Si vous en voulez faire une de grosseur inégale en sa longueur, comme les deux marquées a b, vous jugez bien qu'il faut appuyer plus fort en commençant à a, & toûjours moins en approchant de b, en allegeant ou soulageant la main continuellement d'un bout à autre, selon que vous desirez qu'elles soient de grosseur inégale en toute leur longueur.

Et si vous en voulez faire comme les deux marquées *a b* vous representent, & dont le plus gros est vers G, il faut commencer fort legerement du côté de *a*, puis au rebours des autres, aller appuyant de plus en plus jusques à G, & faisant depuis G, jusques à *b* comme vous avez fait en faisant la figure a b, vous ferez les traits gros & deliez comme ladite figure *a b*, vous represente.

Ce que j'ai dit sur ces trois sortes couples de traits qui peuvent être six sortes de lignes, suffit pour toutes les formes d'hacheures qui se peuvent rencontrer en ombrageant vôtre dessein tel qu'il puisse être ; car vous voyez bien que la ligne droite A B, & son adjointe qui est courbe, sont d'égale grosseur d'un bout à autre, & que la courbe comprend en elle toutes sortes de courbures generalement, & pour les deux autres, la difference n'est qu'en leurs inégales grosseurs.

B

Et pour montrer que le nombre des hacheures qu'il convient faire en la graveure, n'est qu'une réïteration de l'une
ou de l'autre de ces sortes de lignes, je les ai voulu reïterer chacune plusieurs fois, aux figures *m n*, *o p*, *q g r*, &
pour faire voir de plus que quand il convient croiser ou
contrehacher les premiers traits ou hacheures ce n'est
toûjours aussi que reïterer la même chose, j'ay fait ces
trois sortes d'hacheures ou croisures, sçavoir, *t*, *e*, *u*,
pour lors qu'il s'agit de faire des hacheures droites ou
courbes d'égale grosseur, & d'en faire qui diminuent par un
bout ; & quand elles doivent diminuer par les deux bouts :
Et quelque nombre qu'on y en mette pour representer
jusques à une nuit, vous voyez que ce n'est toûjours
qu'une reïteration de l'une desdites lignes.

Et si vous desirez que vôtre graveure approche de celle du
burin, il faut appuyer bien fort aux endroits ou vos hacheures doivent être grosses, & par la même raison appuyer peu aux endroits où elles doivent être déliées. Car
vous jugez bien qu'alors vôtre ouvrage sera faite sur le
cuivre verni, & que vous y appliquerez l'eau forte deffus, elle creusera bien plus promptement & plus vivement
aux traits ou hacheures où vous aurez fort appuyé vos
Pointes, qu'és autres où vous n'aurez quasi fait qu'enlever le verni, joint qu'il y faut encore aider comme je
dirai ci-aprés en traittant du creusement de l'eau forte;
& par ce moyen vôtre ouvrage sera pour approcher aucunement de vôtre intention.

Davantage aprés que vous avez gravé d'une pointe de-
liée, si vous desirez d'en grossir encore le traict, il faut
que vous y repassiez aprés une autre pointe courte & grosse
suivant la grosseur dont vous le voulez faire, & avec cette
autre pointe renfoncer fermement és plus gros endroits des
hacheures, tant de celles des pointes, que principalement
de celles que vous aurez faites avec des échoppes; & par
ce moyen les planches imprimeront beaucoup.

Reste à traiter du moyen de s'aider des outils aiguisez en
forme d'Echoppe, lesquels servent quand on veut élargir
ou regrossir les hacheures ou traits, ou en faire de si
gros que l'on soit contraint d'abandonner les pointes, ce

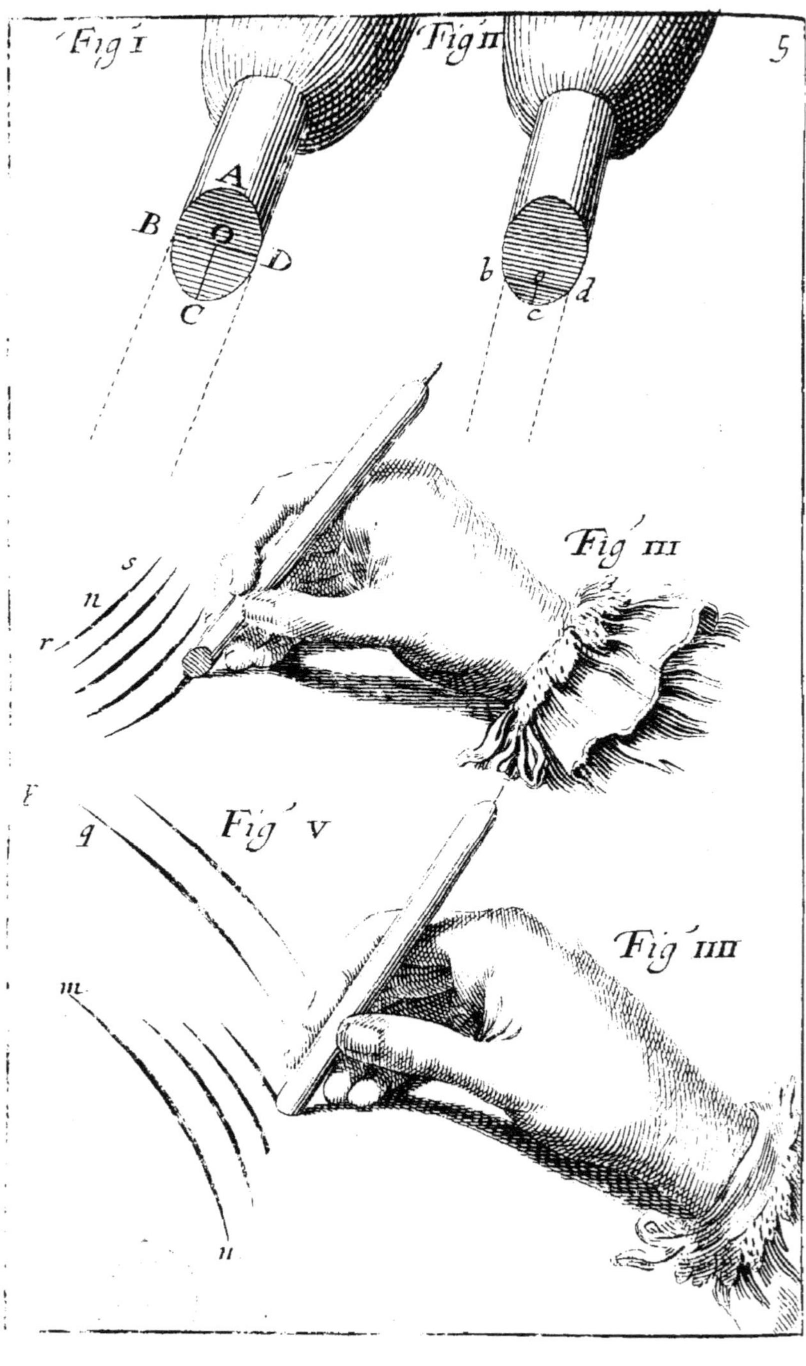
Fig. I
Fig. II
A
B
O
D
C
b
c
d
Fig. III
s
n
r
F
q
Fig. V
m
Fig. IIII
n

qu'il ne faut neanmoins pas faire qu'à une grande extremité , car les pointes entrent bien plus vivement dans le
cuivre que ne font lefdites Echoppes , toutefois l'exceffi-
ve groffeur des traits qu'il vous convient faire fuivant les
occafions , vous oblige fouvent à vous fervir d'Echoppes, & tout ce qu'il y a à faire, comme j'ay dit cy-devant,
c'eft , qu'aprés avoir fait de ces gros traits avec lefdites
Ehoppes , il vous faut prendre une de vos groffes
Pointes aiguifée court & rondement , & avec elle repaffer
dans le milieu defdits gros traits tres-fermement , & principalement aux endroits les plus larges.

MANIERE DE FAIRE DE GROS
*traits avec les Echoppes , & le moyen de
les tenir & manier fur la Planche vernie.*

VOus avez à confiderer en la Figure qui fuit l'une de
vos Echoppes comme une plume à écrire, que l'ovale A B C D en fût l'ouverture, que la partie proche de C en
fût le bout qui écrit : & quant à la maniere de tenir ladite
Echoppe elle eft femblable à celle de la plume , à la re-
ferve qu'au lieu que la taille ou ouverture de la plume eft
tournée vers le creux de la main , l'ovale ou face de l'E-
chope eft d'ordinaire tournée vers le pouce ; comme la figure III. vous montre ; ce n'eft pas que l'on ne la puiffe
tourner & manier d'un autre fens , & par exemple que l'o-
vale ou bizelure fera tournée vers le maître doigt, comme
la figure I V. vous reprefente ; mais pour moy je trouve
que la premiere maniere eft bien plus commode , & qu'on
a bien plus de force pour appuyer fermement.

Maintenant pour vous montrer le moyen de faire des
traits gros & profonds , & comme ladite Echope eft propre à cela : confiderez les deux figures I. & II. que j'ay
faites en plus grand afin d'y mieux appercevoir ce que j'ay
à dire là deffus.

Premierement vous voyez que la figure A B C D eft la
face ou l'ovale de vôtre échoppe : Or fi vous pouviez enfoncer le bout de vôtre échoppe dans le cuivre jufques à

la ligne DB, qui eſt le plus renflé de ſon ovale, vous
auriez fait un traict de la largeur que DB, contient de
longueur, & qui dans le milieu ſeroit creux ou profond
de la longueur de OC, & ſi vous n'enfonciez pas vôtre
échoppe ſi fort dans le cuivre; vous ferez un trait large
& profond comme la II. figure b o d c, vous repreſente.

Par ce moyen vous voyez qu'en appuyant fort peu, vôtre
trait ſera moins profond & conſequemment plus large,
comme l'exemple des traits que la main du milieu
figure III. a faits, leſquels ſont marquez r n s où
vous voyez qu'ayant commencé legerement par r, &
appuyé de plus en plus juſques à n, & depuis n, en
ſortant & allegeant la main juſqu'à s; vous ferez un
trait pareil à r n s, & ainſi des autres: La difficulté de
faire voir un ovale en ſi petit, m'a obligé de repreſenter l'échope entre les doigts de deux mains diverſes plus
groſſe qu'elle ne doit être, à ſçavoir de la même groſſeur du bâton auquel elle doit être emmanchée; pour celle d'enbas figure IV. la face de l'échoppe étant tournée
du côté du maître doigt, il faut commencer les traits ou
hacheures par m, & les finir en n, de la même force &
allegement qu'à l'autre.

Et lors que l'on veut rendre les entrées & ſorties de ces
hacheures plus déliées, il ne faut qu'avec une pointe, reprendre les bouts de ces groſſes hacheures, comme aux
deux traits de la figure V. en appuyant un peu comme à
q, & allegeant toûjours de là juſqu'à la ſortie p, & ainſi de quelque côté que vous ayez à les reprendre, & pour
plus grande commodité, il faut en travaillant tourner vôtre planche, afin de l'avoir bien à vôtre main.

Il y a quelques ouvriers qui ayant gravé avec la pointe,
viennent à y rentrer ou repaſſer avec l'échoppe, afin de
regroſſir les traits aux endroits neceſſaires, ce que j'ay pra-
tiqué autrefois; mais à preſent je trouve que le meilleur
eſt de les faire premierement avec l'Echoppe, puis les reprendre ainſi que je viens de dire, d'autant que la pointe
travaille plus facilement dans la trace de l'échoppe, que
l'échoppe ne fait dans la trace de la Pointe, & les traits
en ſont bien plus nets.

Ceux qui ſçavent s'aider du burin en peuvent regroſſir leſdites hacheures aprés avoir fait creuſer l'ouvrage à l'eau forte, plûtôt que par le moyen ſuſdit, & elles en ſeront b enplus nettes.

Je crois avoir aſſez expliqué le moyen de gouverner les pointes & échoppes ; toutefois je vous dirai encore ceci en paſſant, afin de ne rien oublier ſi je puis ; c'eſt que vous devez en gravant tenir vos pointes & échoppes le plus à plomb ou droites ſur vôtre planche que vous pourrez, & vous accoûtumer à les pouſſer hardiment, afin que les hacheures en ſoient tant plus nettes & fermes, & pour ce faire il ne faut jamais travailler deſdits outils qu'ils ne ſoient bien aiguiſez, & tant bons qu'ils puiſſent être il les faut aiguiſer aſſez ſouvent.

De plus je vous avertis de travailler vos douceurs qui approchent de la partie illuminée & tous les loingntains, avec des pointes bien déliées, & les y appuyer peu, mais les enfoncer fermement aux endroits qui doivent être ſenſibles, comme les ombres, afin qu'on puiſſe couvrir (comme il ſera dit cy-aprés) une grande partie des douceurs & du loingtain tout d'un coup ; car vous ſçavez bien que les pointes qui ont fait les hacheures qui approchent du jour ou illuminé, ont fort peu atteint le cuivre, & ſi peu qu'elles n'ont quaſi emporté que le verni ; tellement que appliquant l'eau forte deſſus, elle y mordra ou creuſera moins fort de beaucoup, que ſur celles où vous aurez appuyé fortement ; de ſorte qu'ayant couvert d'un coup tout le loingtain, ces endroits ainſi fermement touchez paroîtront plus forts que les autres ; en cela conſiſte une des principales adreſſes en l'art de la graveure à l'eau forte.

Et afin de vous le faire mieux entendre, ſi vous aviez travaillé une place de loingtain avec une même pointe, & appuyé par tout également, tant ſur le jour ou illuminé qu'en l'ombre ; vous jugez bien que venant à couvrir le tout enſemble aprés que l'eau forte y aura paſſé, l'ouvrage ne pourroit être que d'une même force partout, & ainſi des douceurs que l'on deſireroit obſerver aux hacheures, ce qui ne ſeroit nullement bien.

B iij

22

Or je vous dis derechef d'avoir foin de temps en temps
de prendre vôtre gros pinceau , ou à défaut d'icelui une
barbe de plume , & d'en épouſſer ou balayer les raclures
du verni & du cuivre que vos pointes enlevent en gravant , afin qu'il ne s'en attache point dans vos hacheures,
car cela pourroit faire des rayes fur le veni en remuant le
papier que vous avez mis deſſus pour le conferver , en
vous appuyant , & auſſi que le poil de vôtre pinceau ne
touche à rien de fale ni de gras ; & cela foit dit pour la
derniere fois.

MANIERE POUR METTRE LA
planche en état de recevoir l'eau forte.

Voſtre planche étant toute gravée , prenez bien garde
qu'il n'y foit rien demeuré dans les hacheures ; fi d'a-
vanture il y a quelques faux traits ou rayes, ou autres telles
chofes que vous ne vouliez pas que l'eau forte creufe,
comme encore les bords de la planche qui ne font pas d'ordinaire bien vernis par tout, quand il n'y auroit que ce qui
s'y peut être fait en maniant la planche pour la noircir &
en cuifant le verni , & que l'on y touche avec le morceau
de bois pointu pour voir s'il eft cuit. vous le couvrirez
tout comme je vais dire.

Il vous faut faire chauffer & fondre la compofitiou ou
mixtion du fuif & huile que vous avez faite cy-devant,
puis en prendre avec un Pinceau gros ou menu , à proportion des endroits que vous voulez couvrir ; & en appliquer aſſez épais , fur ce que vous ne defirez que l'eau
forte touche.

Cela fait, vous prendrez une broſſe de poil de porc ou
autre telle chofe , & l'ayant trempée dans ladite mixtion
en frotterez l'envers ou derriere de vôtre planche , afin
que l'eau forte n'aille mordre fur ce derriere ; ce qui ne
feroit pas tant de tort à ladite planche , qu'à l'eau forte
qui s'affoibliroit par ce moyen.

Sur tout prenez garde que vôtre mixtion ne foit point
trop liquide; car cela étant , lors que l'on vient à verfer

l'eau forte fur la planche , elle la fait couler & quitter le lieu où elle étoit appliquée : C'eft pourquoi il faut qu'elle foit comme j'ay dit , compofée de fuif & d'huile proportionnée de forte que lors que vous l'avez appliquée , elle fe fige un peu fermement.

Pour moy quand j'en couvre & qu'elle fe refroidit , j'en mets de temps en temps un peu fur le deſſus de ma main gauche , principalement en hyver , d'autant que la chaleur de la main l'entretient toûjours à demie fonduë , ce qui me femble plus commode que de faire toûjours fondre ladite mixtion dans le vaiſſeau qui la contient.

Je n'oublierai pas de vous dire ce qui m'eft arrivé pluſieurs fois , & principalement au Verni mol , qu'en appliquant l'eau forte deſſus , elle enlevoit tout le verni en un moment , & ayant taché de découvrir la cauſe de cet accident : il m'advint un jour fortuitement qu'il faifoit un froid humide , qu'aprés avoir travaillé, je trouvai en levant ma planche de deſſus ma table , qu'elle étoit toute moüillée par le derriere , comme pourroit être un plat qui a fervi à couvrir un pot qui bout ; cela me fit penfer qu'il pourroit bien y avoir entre le verni & le cuivre quelque humidité , ce qui m'obligea à en faire une épreuve , qui fut de travailler fur deux planches vernies l'une comme l'autre , & avant que d'y appliquer l'eau forte , je prefentai l'une defdites planches au feu pour en diſſiper l'humidité en cas qu'il y en eût , & cela me reüſſit fort bien ; mais de l'autre que je n'y prefentai point , le verni fe leva ainfi que j'avois jugé ; c'eft pourquoy principalement en hyver , il faut en faifant creufer à l'eau forte , prefenter de temps en temps les planches au feu , pour en faire évaporer l'humidité , fur tout lors qu'on y remet l'eau forte , cela étant de tres-grande importance.

Il y a auſſi une chofe difficile à prévoir , mais le bon eft qu'elle n'arrive que rarement , c'eft que le cuivre eft quelquefois gras de fa nature en des endroits , qui fait que le verni ne s'y attache pas , quoy qu'il femble y être attaché , & l'on ne reconnoît cela qu'alors que l'on y applique l'eau forte; car on ne l'a pas jetté fept ou huit fois deſſus qu'aux endroits gras où l'on a gravé, la couleur du cui-

vre en paroît plus rouge qu'aux autres lieux où le cuivre
n'est pas gras, & il arrive qu'en ces endroits-là, le verni est
sujet à éclatter : Je n'ai trouvé autre remede à cela , que
d'achever à faire creuser la planche avec d'autre eau forte,
faite avec de bon vinaigre distillé : Cet accident m'est arrivé trois ou quatre fois en dix ou douze ans. A la premiere fois que j'apperçûs mon verni s'éclatter , mon ouvrage
étoit a demi creusée a l'eau forte, je crûs que la faute ve-
noit de mon eau forte qui pouvoit être trop mêlée de
vieille , & de plus que de la derniere que j'avois faite le
vinaigre étoit trop couloré ; cela m'obligea pour tâcher de
sauver mon ouvrage de ce naufrage , de bien laver ma
planche d'eau commune bien nette , puis la faire bien sécher de loin au feu : & ayant fait de l'eau forte avec du
vinaigre distillé , j'achevai deux jours aprés , de faire creuser ma planche. J'ay bien voulu vous donner ce petit
avis , afin de vous en servir au besoin , en cas que cela
vous arrivât.

    Je vais dire ensuite le moyen de faire une espece de ma-
chine pour tenir la planche en état d'y verser l'eau forte,
ce qui n'empêchera pas que qui voudra n'en fasse faire
d'une autre façon suivant son desir.

MACHINE QU'IL EST NECESSAIRE d'avoir, pour commodement tenir la planche en état d'y jetter l'eau forte dessus.

PRemierement pour ceux qui desirerontd'être passablement fournis d'ustenciles , cette figure leur fait voir
que la piece marquée A , est une auge de bois , d'une seule
piece , d'environ quatre pouces de haut , & d'environ six
pouces de large , sous cette auge il y a une terrine plombée , ou de grez marquée B , dans laquelle on met l'eau
forte , pour la prendre & l'aller de là jetter sur la planche:
Au fonds de ladite auge il y a un trou vis à vis de A , par
où l'eau forte retombe dans ladite terrine ; M N O P , est
un ais entouré par le haut & par les deux côtez , d'un re-
bord d'environ deux pouces , pour empêcher qu'en jettant

Maniere de jetter leaue forte sur la Planche

l'eau forte elle ne se perde ; ledit ais est appuyé en penchant contre un mur ou autre corps , & entre dans l'ouverture de l'auge en telle sorte , que l'eau forte que l'on jette sur la planche qui est sur cet ais , retombe dans l'auge,
& de là par le trou qui est au lieu le plus penchant du
fond de ladite auge dans la terrine **B** , qui est dessous :
◡ , est la planche qui est soûtenuë par deux chevilles de
bois laquelle est posée à plat sur ledit ais : Vous serez
averti que l'ais, ces chevilles & l'auge doivent être poissez
ou godronnez ou bien imprimez épais de couleur broyée
avec de l'huile de noix bien grasse, afin de resister à l'eau
forte : Q est un pot de grez ou de fayence ou autre semblable, avec lequel on prend de l'eau forte dans la terrine
marquée **B** , que l'on jette sur toute la planche marquée
comme la figure vous represente , n'ayant pas si-tôt
ôté ladite eau , qu'il faut en reprendre dans ladite terrine, & reverser ainsi toûjours continuellement sur ladite planche , jusqu'à un certain temps.

J'ay mis sous ladite terrine , la figure d'un gros ais ou
planche pour la soulever plus haut , ce qui n'est pas fait
sans sujet , d'autant qu'ayant fait faire les pieds de l'auge
d'une hauteur commode pour faire en sorte que celui qui
verseroit fût assis , & ayant reconnu que ladite terrine étant
éloignée de l'auge , & l'eau forte venant à y tomber de
trop haut, elle rejaillissoit hors elle , & de plus se rendoit
quasi toute en mousse , comme l'eau battuë avec du savon:
Cela m'a obligé d'élever plus haut ladite terrine , & le
plus qu'elle le peut être est le mieux ; & pour cet effet il
se peut faire differentes sortes de machines toutes simples
& aisées à concevoir.

Suit l'ordre pour commencer à verser l'eau forte sur la
planche, & la maniere d'y couvrir suivant les temps ou occasions , avec la composition ou mixtion du suif & huile,
les douceurs & éloignemens requis.

ORDRE QU'IL FAUT TENIR
pour verſer l'eau forte ſur la Planche, & couvrir avec la mixtion du ſuif & de l'huile, les douceurs & éloignemens ſuivant les repriſes.

Vous avez vû la façon d'accommoder la Planche pour recevoir l'eau forte, & il reſte à ſuivre par ordre les temps de l'y verſer deſſus par repriſes; car en pluſieurs ouvrages il faut jetter ladite eau forte à diverſes fois, pour les raiſons cy aprés déduites.

Ayant mis une ſuffiſante quantité d'eau forte dans la terrine, vous en puiſerez avec le pot de grez ou ſemblable, & la jetterez ſur vôtre planche par le plus haut endroit, en ſorte qu'elle s'aille toûjours répandant bien également ſur toute ſon étenduë, & ſans que le pot y touche contre: Et quand vous auriez verſé comme cela 8. ou 10. fois le plein petit pot d'eau forte ſur vôtre planche en la poſition de la figure precedente, il la faut tourner d'un autre ſens qu'elle n'étoit, par exemple comme elle eſt repreſentée en la premiere figure d'enhaut marquée C, puis verſer encore 10. ou 12. fois ainſi que deſſus: Et aprés la tourner encore comme en la figure d'enbas; & y jetter de même encore d'eau forte 8. ou 10. fois; & verſer de l'eau forte ainſi par repriſes durant un demi quart d'heure, plus ou moins, ſuivant la force de l'eau ou l'âcreté du cuivre: Car ſi le cuivre eſt aigre il y faut verſer de l'eau moins de temps, & s'il eſt doux davantage; Et d'autant qu'à l'abord vous ne pouvez pas ſçavoir bien certainement la force de vôtre eau forte ni la qualité préciſe de vôtre cuivre, je vais dire un moyen de les reconnoître; afin de vous y gouverner ſelon la force ou la délicateſſe que vous avez intention de donner à l'ouvrage: Car il ſe rencontre que l'on fait ſouvent des planches, où le labeur demande bien une plus grande force ou tendreſſe qu'en d'autres. Mais auſſi il y a communément des ouvrages qui ne requierent pas

7
7
fig denhaut
fig denbas

des traits plus gros & plus fermes, ni plus délicats ou plus
doux que ceux à peu prés de la planche du frontifpice de
ce livre, ou que ceux qui feroient au double plus grandes:
Et pour connoître la nature de vôtre cuivre, & la force
de l'eau forte afin de les faire réuffir à cette forte d'ouvrage, vous verferez à la premiere fois, comme il eft dit
cy-deffus, la moitié d'un demi quart d'heure, puis vous ô-
terez la planche, & y jetterez promptement deffus d'affez
haut, abondamment d eau commune & nette, pour la laver, en forte qu'il n'y refte point d'eau forte deffus ; car
fi elle n'étoit bien lavée, quand vous l'auriez fait fecher
le verni paroîtroit tout vert, & vous empêcheroit de voir
l'ouvrage ; En aprés vous prefenterez ladite planche devant un feu clair, en forte que fans fondre la mixtion qui
pourroit y etre, le feu defféche l'eau commune qui fera
deffus : Cela fait vous prendrez un petit morceau de charbon avec lequel vous frotterez fur vôtre verni en quelque
endroit où il y ait des traits ou hacheures douces ; & fi
vous trouvez que l'eau forte ait affez creufé les douceurs,
mettez fondre de la Mixtion, & aprés avoir pofé vôtre
planche fur un chevalet de peintre, ou autre telle chofe,
prenez de ladite mixtion avec un pinceau propre à couvrir
les loingtains & autres hacheures que vous defirez être
tendres & douces, comme fi vous vouliez peindre, & en
mettez fur les endroits que vous ne voulez plus faire creufer, & fur l'endroit que vous avez découvert avec le charbon, & vous fouvenez qu'il faut mettre toûjours affez
épais de cette mixtion, fur ce que vous defirez couvrir :
Car il ne fuffiroit pas encore que le Pinceau fût gras, de
frotter par deffus les hacheures : Mais il faut couvrir
comme quand on peint, en chargeant de couleur, afin que
la mixtion entre dans les traits ; Et ce fera à cette premiere fois que vous couvrirez les traits & hacheures plus
douces & tendres.

Aprés avoir, fi c'eft en hyver, prefenté un peu vôtre
planche au feu, pour en chaffer toute l'humidité, vous la
remettrez fur vôtre ais, & rejetterez de l'eau forte deffus
comme auparavant, durant environ une demie heure, en
retournant ladite planche auffi de temps en temps, comme

il eſt dit cy-devant : Cela fait , vous la laverez encore d'eau commune , & la ſécherez au feu comme cy-devant, ſans faire couler la mixtion (c'eſt dont il ſe faut bien donne garde) car vôtre beſogne courroit riſque d'être gâ ée.

Puis vôtre planche étant ſéchée , vous la remettrez derechef ſur le chevalet , & ferez fondre la ſuſdite mixtion, & en couvrirez les hacheures & loingtains qui ſuivent aprés les plus foibles que vous avez cy devant couvertes.

J'ay trouvé à propos de faire une planche de pluſieurs & diverſes douceurs, afin de mieux entendre l'ordre qu'il faut tenir à les couvrir de temps en temps , à ceux qui ne ſont pas ſi avancez dans la connoiſſance de cet art.

Vous conſiderez donc que ce n'a pas été ſans ſujet, qu'en vous diſant la maniere de manier vos pointes & échoppes , j'ay toûjours dit qu'il falloit appuyer ferme où l'on deſiroit que les traits fuſſent gros, & ſoulager ou alleger la main en approchant des bouts du trait , & ſi ledit trait y doit être délié, ce qui aide extremement à l'eau forte : Par exemple , ſi vous avez couvert de Mixtion à la premiere fois , la partie que la ligne A B C D, contient ou encloſt, qui fait une maniere d'ovale; & qu'à la ſeconde fois vous ayez couvert l'eſpace qui eſt entre la ligne A B C , & la ligne E O F , & que vous ayez laiſſé creuſer à l'eau forte à chacun durant ledit temps , vous jugez bien que cela doit faire approchant de ce que vous deſirez : J'ai mis au haut de cette planche la forme d'un bras de femme , afin de vous faire voir à peu prés par la ligne pointée *a b c d* , & par l'autre qui approche plus de l'ombre, comme je couvre d'ordinaire le délié des hacheures à deux repriſes , ſuivant les occaſions, quoy qu'à celle-cy il ſuffiroit d'une.

J'ay voulu mettre auſſi enbas à côté quatre petits morceaux de terraſſe, l'un marqué *m m m* , le premier couvert, enſuite celui *n n n* , puis celui *o o o* , ne reſtant que *p* , qui eſt le plus creux & brun.

Mais quelqu'un pourra dire , il ſemble que ſi l'on avoit fait les hacheures d'une même force avec la pointe en couvrant aprés de la façon, l'eau forte feroit l'effet deſiré:

Et en cas qu'il y ait quelqu'un de ce sentiment , je ré-
ponds que cela ne seroit pas si bien à cause que l'ouvrage
viendroit visiblement comme la figure deuxiéme vous
montre , laquelle j'ay faite exprés par cette maniere , où
vous voyez par les separations 1. 2. 3. 4. les endroits où
l'on a mis de la mixtion ; ainsi qu'il se voit en plusieurs
estampes de plusieurs Graveurs à l'eau forte.

Vous jugez donc bien que par cet appuyement fort ,
quand même vous ôteriez le verni sans y appliquer l'eau
forte, cela feroit un trait comme de burin, à la reserve qu'il
ne seroit pas assez profond pour imprimer noir : Or l'eau
forte ayant eté jettée dessus un peu de temps , fait que les
deux separations couvertes ne peuvent être sensibles , &
la vivacité dont vous avez poussé vos pointes a extréme-
ment aidé.

Et d'autant qu'en faisant défsécher au feu l'eau dont
vous avez lavé vôtre planche, il pourroit arriver par inad-
vertance que la Mixtion se feroit fonduë & coulée dans
les hacheures que l'on desire encore faire creuser par l'eau
forte : Cela étant il faut en essuyer l'endroit avec un linge doux , puis prendre de la mie de pain rassis & en bien
frotter ledit endroit tant que vous jugiez qu'il soit dé-
graissé ; ledit remede n'est dit ici qu'à une extremité , car
vous ne sçauriez tellement dégraisser , que cela n'empêche l'eau forte d'y bien operer ; c'est pourquoy il faut
avoir soin que cela n'arrive.

Et revenant au moyen d'achever de faire creuser la planche que nous avons couverte de la mixtion pour la seconde fois : Aprés cette seconde recouverte , vous remettrez vôtre planche sur l'ais à l'eau forte , & en verserez
dessus encore une bonne demie heure durant.

Cela fait vous la laverez derechef avec de l'eau commune , & la ferez sécher à l'ordinaire ; puis vous couvrirez de mixtion pour la derniere fois , ce que vous jugerez à propos de couvrir encore : Car vous sçavez que c'est
selon les desseins & la sorte d'ouvrage dont ils sont com-
posez, qu'il y a plus ou moins d'adoucissemens & de
douceurs à faire : & aprés cela vous reverserez pour la
derniere fois de l'eau forte dessus ; & c'est à cette der-

niere fois que vous l'y devez donner durant plus de temps
suivant la forte de befogne, par exemple, s'il y a en
vôtre planche ou deffein des ombres & hacheures, qu'il
foit befoin de faire bien fortes & creufes, & par confequent fort noires, il faut y verfer de l'eau forte plus d'une
heure durant à cette feule derniere fois, & ainfi à proportion des autres ouvrages : Vous confidererez donc bien
que je ne puis vous prefcrire une regle generale de couvrir
également bien à propos en toutes occafions ni un temps
précis pour chaque fois qu'il faut jetter l'eau forte, &
vous devez bien penfer & juger que Calot n'a pas tant
verfé l'eau forte fur fes petits ouvrages, que fur quelques
autres plus grands. J'ai dit cy-devant comme de temps en
temps on peut découvrir la planche avec le charbon en
quelques endroits, pour voir fi l'eau forte a affez creufé ou
non. Jugez donc auffi des temps durant lefquels vous
avez à jetter l'eau forte, par la quantité des ouvrages que
vous avez à faire, & quant à cette derniere bonne heure
je vous avertis que c'eft pour faire auffi noir que quelques
planches que j'ai voulu mettre dans ce livre, entre autres
le Titre ou Frontifpice, & la figure de celui qui jette
l'eau forte ; m'étant conduit à les faire à peu prés comme
j'ay ici écrit; neanmoins il y faut aller avec confideration,
tous les cuivres ni toutes les eaux fortes n'ayant pas toûjours également les mêmes qualitez & nature l'un que
l'autre.

Vôtre planche ayant donc par exemple eu durant une
heure ladite eau forte deffus, vous la laverez encore d'eau
commune ; mais il ne fera pas neceffaire de la faire plus
fécher comme auparavant, quand vous y vouliez rejetter
encore de l'eau forte, & ne faut que la mettre toute moüillée comme elle fera fur le feu, jufques à ce que la mixtion
que vous avez mife deffus foit toute fonduë ; puis l'effuyer
bien fort par l'envers & par l'endroit avec un linge, de
forte qu'il n'y refte plus de ladite mixtion en aucun
endroit.

pag. 31.
J. Ertinger fe

MOYENS DONT MONSIEUR LE CLERC
se sert pour couler son Eau Forte.

MOnsieur le Clerc coule son eau forte d'une maniere plus simple & plus aisée : il a un baquet ou caisse d'une grandeur convenable, dont les bords sont d'environ 3. à 4. pouces de hauteur , & d'un bois tres mince , bien assemblé & calfeutré par le dehors avec des bandes de papier , cette caisse est peinte à l'huile tant dehors que dedans , en sorte qu'elle tient l'eau forte sans être imbibée.

Quand il veut faire mordre l'eau forte , il graisse le dessous de sa planche, & l'ayant posée dans le fond de ce baquet il verse l'eau forte dessus jusqu'à une hauteur d'une ligne ou deux ; puis il fait balotter cette caisse d'un mouvement assez doux & lent, en faisant passer & repasser l'eau forte par dessus la planche.

Celuy qui fait ce balottement tient la caisse sur un de ses genoux , ou si la caisse est grande il la tient posée en équilibre sur une table par le moyen d'un bâton rond & assez gros sur lequel il la balotte , & souvent au lieu d'un bâton il met la premiere chose qu'il rencontre qui peut faire le même office.

Si la planche ne se trouve pas bien platte sur le fond du baquet , & que l'eau forte passe par dessous , il la fait joindre avec des épingles ou des petits clous : Si la planche est grande & forte , il en met aussi pour empêcher la planche de démarer & de glisser hors de sa place , & il a soin de graisser ces épingles ou petits clous avant que de les mettre.

Lorsqu'il a tiré sa planche pour la laver & la remettre ensuite dans l'eau forte , il la tient panchée dans un évier, & verse doucement de l'eau nette dessus par plusieurs fois, l'experience lui ayant appris qu'étant jettée de haut comme Monsieur Bosse l'enseigne, elle ébranle souvent le verni, qui ensuite ne resiste pas long-temps a l'eau forte, de sorte qu'il s'enleve avant que la planche soit assez gravée.

La planche ainſi lavée il la fait égouter un moment, puis l'ayant poſée ſur ſa table il étend deſſus une feüille de papier broüillard ou de méchante impreſſion, & aprés avoir temponné doucement par deſſus avec un mouchoir, il leve ce papier doucement, & en remet un autre qui acheve de prendre l'eau de la planche, que l'autre premier auroit pû laiſſer, enſuite il ſoûtient ſa planche un inſtant au deſſus d'un petit feu pour ôter l'humidité qui reſte deſſus.

MOYEN D'OSTER LE VERNI
de deſſus la planche aprés que l'eau forte y a fait ſon operation.

VOus choiſirez un charbon de bois de ſaule bien doux, & ſans le faire brûler en ôterez l'écorce, puis en le trempant dans de l'eau commune & nette, & même verſant de ladite eau ſur la planche, vous frotterez avec ledit charbon ſur le verni, toûjours d'un même ſens, comme quand on polit le cuivre, & cela emportera le verni; ſur tout donnez-vous bien de garde qu'il ne tombe point de gravier deſſus, ni qu'il y ait des grains ou nœuds dans le charbon; car cela feroit des rayes ſur la planche, leſquelles ſeroient difficiles à ôter, principalement ſur les choſes tendres & douces; ce qui fait que l'on ne prend point de charbon qui ait ſervi à polir, d'autant qu'il effaceroit les choſes tendres, & celui qui n'eſt point rebrûlé, ne mord point ſur le cuivre, ou s'il y mord c'eſt bien peu.

Quand le verni eſt tout ôté de deſſus la planche, le cuivre demeure d'une couleur déplaiſante, à cauſe du feu & de l'eau qui ont agi deſſus; & pour lui redonner ſa couleur ordinaire, vous prendrez de l'eau forte dont les Affineurs & Orfévres ſe ſervent, & même pluſieurs Graveurs à l'eau forte, qui travaillent ſur le verni mol duquel je traitterai ci-aprés, & ſi elle eſt pure mettez-y les deux tiers d'eau commune & plus; puis prenez un petit morceau de linge, & l'ayant trempé dans ledit mélange,

frottez-

frottez-en tout l'endroit gravé de vôtre planche , & vous verrez qu'elle deviendra belle & nette , & de la couleur ordinaire du cuivre.

Puis auſſi-toſt prenez un linge ſec & l'eſſuyez promptement , en ſorte qu'il n'y ait plus de ladite eau deſſus ; en aprés chauffez un peu la planche , & verſez y deſſus un peu d'huile d'olive , & avec un morceau de feutre de chapeau , ou autre telle étoffe , frottez-la par tout de ladite huile aſſez fermement ; & enſuite eſſuyez ladite planche avec un linge , prenant garde que ce ne ſoit avec celui qui vous a ſervi à eſſuyer l'eau ſuſdite des Affineurs,

Alors vous verrez nettement s'il eſt beſoin de retoucher vôtre ouvrage au burin, comme il arrive d'ordinaire que l'on y eſt obligé , principalement dans les endroits qui doivent être fort bruns ; car vous jugez bien que lors qu'il y a beaucoup de hacheures l'une ſur l'autre , il ne reſte gueres de verni entre deux,& par conſequent il arrive ſouvent que l'eau forte enleve ce peu de verni , à cauſe qu'elle creuſe par deſſous lui, & met le tout en paſté ou plaque.

Et ſi d'avanture vous voyez que cela vous arrive en faiſant creuſer, vous pouvez couvrir promptement de mixtion ce qui s'éclate,étant plus aiſé de le retoucher aprés au burin , que quand l'eau forte y a fait une foſſe qui fait une plaque noire d'abord en imprimant ; puis aprés avoir un peu imprimé , ladite plaque paroît blanche , d'autant que le noir ne s'y peut plus tenir attaché.

Ayant donc couvert cette partie de bonne heure , vous n'aurez aprés qu'à rentrer avec vôtre burin dans les traits & hacheures pour les refortifier , & comme cela tout ira bien à l'impreſſion.

Vous ſçavez que la pratique du burin eſt plus difficile que celle de la pointe, principalement à ceux qui ne l'ont point pratiquée : Mais d'autant que cela eſt fort neceſſaire , & qu'il y a quelquefois des teſtes ou autres choſes de conſequence à retoucher , & que bien ſouvent, & ſuivant les lieux il ne ſe trouve pas des Graveurs propres à ce faire , j'ay voulu dire un mot tant de la maniere de re-

C

54

nir le burin , que de l'aiguifer , manier & conduire fur
le cuivre ; & de plus un moyen de refaire & ajoûter
avec du verni mol , ce que l'on voudroit refaire de nouveau fur la planche gravée : C'eſt aprés avoir traitté du
moyen de faire le verni mol & de s'en fervir, que j'en
traitterai.

MANIERE DE FAIRE LA
compoſition du verny mol, & le moyen de s'en fervir.

PRenez une once & demie de *Cire vierge* bien blanche
& nette.

Une once de *Maſtic en larmes* bien net & pur.

Demie once de *Spalt* ou *Spaltum*.

Broyez bien menu le *Maſtic* & le *Spalt* ; puis faites fondre au feu vôtre *Cire* dans un pot de terre bien plombé ou
verni par dedans ; & étant fonduë & bien chaude vous la
faupoudrerez dudit *Maſtic* peu à peu par tout , afin qu'il
fe fonde & lie mieux avec elle , en la remuant de fois à
autre avec un petit bâton.

En aprés vous faupoudrerez ce mélange , avec le *Spalt,*
tout de même que vous avez fait la cire avec le maſtic ,
en remuant encore le tout enfemble fur le feu juſqu'à ce
que tout ledit fpalt foit bien fondu & mêlé avec lerefte,&
qui peut être dans le temps d'environ la moitié d'un demi quart d'heure : Puis vous l'ôterez du feu & le laiſſerez
un peu refroidir; & ayant mis de l'eau claire & nette dans
un plat, vous y verferez ledit verni, & vos mains étant
bien nettes & moüillées vous le prendrez encore mol dans
ladite eau , & le pétrirez bien , & finalement en formerez un rouleau d'environ un pouce de diamettre.

Si vous voulez qu'il n'y demeure d'ordures dedans ,
paſſez le tout chaud dans un linge neuf ou tafetas , en le
tordant & le laiſſant tomber de là dans ladite eau.

Pour moy d'autant qu'en m'en fervant à vernir je l'enveloppe dans un linge délié & neuf ou tafetas , je ne le
paſſe point ainſi chaud outre qu'il s'y en perd trop.

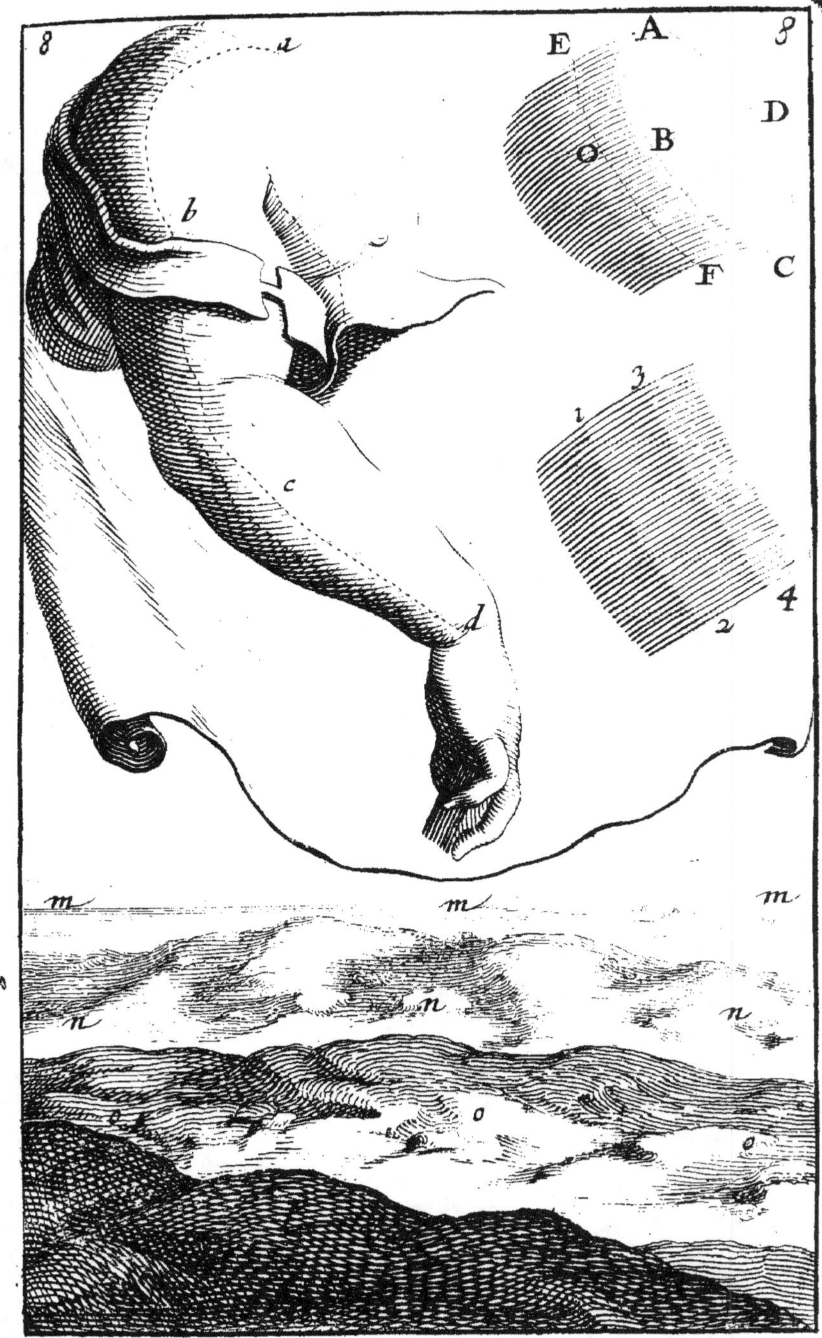

8
8
a
E
A
b
O
B
D
F
C
3
1
c
d
2
4
m
m
m
n
n
n
o
o
o

Il faut en hyver y mettre un peu davantage de cire, à cause qu'il seroit trop sec, il n'est pas aussi à propos d'en faire davantage à chaque fois sans necessité, que la dose cy-dessus à cause qu'il se gaste.

J'en aurois mis d'autres compositions, mais je trouve celui-ci le meilleur & le plus beau de tous ceux que j'aye vûs jusqu'à present.

MANIERE D'APPLIQUER LE
verni mol sur la planche.

AYant vôtre planche bien polie & dégraissée il faut prendre le verni mol & l'envelopper d'un taffetas ou d'un linge déiié & bien clos ; puis mettre ladite planche sur un rechaud dans lequel y ait un feu mediocre, & la faire chauffer en sorte que pressant le verni dessus il se fonde facilement à travers son enveloppe : la planche étant ainsi chaude, vous prendrez le verni enveloppé de la sorte, & l'appliquerez dessus par un bout du rouleau sur la planche & l'en frotterez durant qu'elle est chaude en le conduisant legerement d'un côté à autre, en ligne droite, & ferez comme des bandes contiguës dudit verni jusques à ce qu'elle en soit toute également peu couverte par tout ; Cela étant, vous aurez des plumes des bouts d'aîles avec leur grande barbe bien unie ; & prenant une de ces plumes, vous passerez ladite grande barbe par son dehors, comme en balayant sur le verni pour l'étendre uniement par tout & promptement afin qu'il ne se brûle ; à la premiere fois vôtre barbe de plume ne servira qu'à étendre promptement vôtre verni ; mais aprés vous en prendrez une autre plus unie, & acheverez doucement à le rendre également étendu par toute vôtre planche, & fort peu épais ; car quand il y en a beaucoup cela ne peut servir à faire rien de délicat ; & si la planche se refroi-dit & le verni par consequent, vous la rechaufferez de-rechef un peu, afin qu'elle entretienne le verni coulant, & prenez bien garde qu'en chauffant ainsi la planche & par consequent aussi ledit verni, il ne vienne à se brûler pour ne pouvoir étendre, & pour connoître s'il se brûle

c'eſt que quand il eſt trop chaud , il ſe met en petits gru-
meaux qui ſemblent eſtre des ordures.

Quand vous aurez ainſi étendu uniement & délicate-
ment le verni ſur la planche , vous le noircirez avec une
chandelle , de la meſme ſorte que j'ai dit du verni dur , à
la reſerve qu'il ne faut pas que la flamme en approche de
ſi prés : Mais il s'y rencontre une choſe à y faire de plus
qu'en l'autre : c'eſt qu'aprés l'avoir tout noirci à la chandelle , on voit que la fumée n'a pas entré dedans à cauſe
qu'il eſt froid , c'eſt pourquoi il faut remettre vôtre
planche ſur le rechaud ; & vous verrez qu'auſſi-toſt que
la planche s'échauffera , le verni ſe fondra , & par conſequent le noir que la fumée a laiſſé ſur le verni le pene-
trera tout juſques à la planche.

Sur tout ſoyez ſoigneux en ce faiſant que le feu ſoit
moderé , & de remuer vôtre planche deſſus , en ſorte
qu'elle fonde ledit verni par tout également bien ſans le
brûler.

Aprés cela vous laiſſerez refroidir vôtre planche, & lors
que vous deſirerez graver deſſus , vous y contretirerez
vôtre deſſein tout de même que ſur le verni dur , à la reſerve qu'il ne faut pas tant appuyer , d'autant que vous
feriez attacher le verni à vôtre papier frotté de ſanguine,
au moyen de quoy vôtre verni ſeroit gaſté.

De plus vous ne ſçauriez avoir deſſigné ſur vôtre verni
mol , avec aucun crayon ni choſe ſemblable.

Enſuite vous viendrez à travailler deſſus , avec des mêmes pointes que celles que j'ai dit pour le verni dur , à la
reſerve des Pointes en Eſchoppe , dont pluſieurs qui gravent avec le verni mol , ne ſe peuvent ſervir ; neanmoins
je les y trouve tres-commodes , & principalament pour
graver de l'architecture ; il eſt en l'option de ceux qui gravent de s'en ſervir , ou de ne s'en pas ſervir. Il y a une
choſe à conſiderer à quoi vous prendrez extremement garde, c'eſt de bien conſerver ce verni mol ſur la planche; car il
eſt fort facile à fouler & froiſſer , ſi quelque choſe tant
ſoit peu rude vient à le toucher. Il y a pluſieurs façons
de le conſerver , par exemple en travaillant de plat ou
ſur un pulpitre , vous pouvez avoir à côté de vôtre plan-

che , deux petits ais de la grandeur que vous voudrez ou deux petits livres de même hauteur & y appliquer un autre ais mince deſſus, qui porte ſur eux , en ſorte qu'il ne touche point à la planche , & poſer & appuyer vôtre main ſur cet ais en gravant.

Il y en a qui travaillent la planche étant dreſſée ſur une maniere de chevalet , comme un Peintre lors qu'il peint : Mais tout le monde ne ſe peut pas accoûtumer à cette maniere , quoique je l'approuve fort pour pluſieurs raiſons deduites cy-aprés.

Je vous dirai comme je travaille ſur ledit verni mol : je mets ſur ma table dreſſée en pulpitre , une feüille de papier gris ou blanc,il n'importe , pourveu qu'il ſoit net , je poſe ma planche ſur icelle , puis j'ai un linge ou ſerviette ſans ourlet , de toile ouvrée ou damaſée , & qui ait bien ſervi,afin qu'elle en ſoit plus molette , je la mets en trois ou quatre doubles , & puis je la poſe ainſi pliée , bien uniment ſur mon verni , & ce linge me ſert à poſer ma main deſſus , comme les feüilles de papier au verni dur , ce que j'ai trouvé fort commode : tout ce qu'il y a de plus à craindre , eſt de s'appuyer trop deſſus , pour les boutons qui ſont d'ordinaire au bout des manches du pourpoint , droit au deſſous du bras , cela peut en s'appuyant fouler & gaſter le verni: C'eſt pourquoy ceux qui travailleront de cette façon ne feront pas mal de les faire mettre à coſté du bras.

Soyez ſur tout ſoigneux qu'il n'aille aucune ordure ſur vôtre verni ; Et lors qu'en gravant vous emporterez du verni & du cuivre , ôtez le bien avec vôtre gros pinceau de poil de gris en épouſſetant legerement deſſus : Et ſouvenez vous qu'il y a vingt fois plus de ſoin à conſerver le verni mol que le dur ; Et c'eſt ce qui me l'a fait abandonner , principalement aux ouvrages de longue haleine ; & même qu'il eſt bien plus facile de faire des hacheures tournantes , hardiment pouſſées ſur le verni dur , que ſur le mol ; d'autant que la dureté du verni , tient la pointe comme engagée , ce qui fait faire les traits plus franchement tranchez , & mieux imitans la fermeté & la netteté du burin : De plus vous avez toûjours de la crainte en

travaillant avec du verni mol, que quelqu'un ne vienne à
toucher à vôtre planche ; & vous ne l'oferiez avoir laiffé
toucher à perfonne, s'il n'eft praticien du même art , &
auffi s'il y étoit tombé de l'huile , fuif, beurre ou autre
telle chofe graffe deffus, il n'y aucun remede ; & au dur,
le linge & de la mie de pain , en viennent à bout en une
neceffité.

Pour ce qui eft de ceux qui travaïllent fur le verni mol,
la planche étant pofée fur un chevalet , ils ne courent pas
tant de rifque de le froiffer , & ne font pas fi fujets à
épouffeter ce qui fort en gravant , d'autant que la planche approchant d'être à plomb, cela tombe de foi-même
en bas, je n'en ai daigné faire une reprefentation : mais il
n'y a guere de ceux qui defireront graver par ces manieres , qui ne fçachent comme un Peintre travaille fur un
chevalet , & n'y a de difference, finon que le Peintre tient
un Pinceau , & le Graveur une Pointe : Il eft vrai que le
Graveur doit bien arrêter fa planche ferme , principalement lors qu'il appuye fort en faifant de gros traits : Je
me fuis laiffé dire que Callot travailloit fur le verni dur
de la même façon, afin que fa fanté en fût moins alterée ;
croyant que d'être un peu penché, cela lui étoit nui-
fible.

MANIERE DE BORDER LA PLANCHE
de Cire afin de contenir l'eau forte de depart.

VOus devez avoir de la cire molle rouge ou verte, il
n'importe, elle eft par baftons comme de la cire
d'Efpagne ; fi c'eft en hiver vous l'amollirez au feu, &
en efté elle s'amollit affez d'elle-même en la maniant,
& en ferez fur les bords de vôtre planche & tout à l'entour où il n'y a rien de gravé , un bord haut du travers
d'un bon doigt , ainfi qu'un petit rempart , de forte que
mettant vôtre planche bien de niveau , & y verfant aprés
l'eau forte deffus , elle y foit retenuë par le moyen de ce
bord de cire , fans qu'elle fe puiffe écouler ni répandre par

aucun endroit ; c'est pourquoy l'on fait en hiver chauffer quelque morceau de fer, pour l'appliquer aux joints que la cire fait avec la planche.

Ayant ainsi bordé vôtre planche vous prendrez de l'eau forte de depart ou des Affineurs, pure & bonne, & y mêlerez de l'eau commune environ le tiers de ce qu'il y a de ladite eau forte ; & si vous avez de l'eau forte qui ait déja servi, laquelle vous sçavez être bleuë, vous vous en servirez à mêler parmi la pure en guise d'eau commune, & pour la quantité selon qu'elle sera forte, puis la verserez doucement sur ladite planche, de sorte qu'il y en ait sur elle un demi travers de doigt par tout.

Alors vous verrez que ladite eau agira promptement dans les hacheures fortement touchées ; pour les foibles vous les verrez au commencement claires & de la couleur du cuivre, l'eau n'y faisant encore d'operation qui paroisse à la vûë.

Puis quand vous verrez que l'eau y agira, vous l'y laisserez fort peu, & la vuiderez de dessus la planche, dans quelque vaisseau propre à la contenir, comme dans une écuelle de fayence ou de terre bien plombée; & jetterez de l'eau commune sur la planche, pour en ôter & éteindre ce qui seroit resté d'eau forte dans la graveure, puis la ferez sécher comme il vous a été enseigné au verni dur : Et souvenez vous principalement à ce verni mol & eau forte de depart, de faire évaporer en hyver l'humidité qui pourroit être entre le cuivre & le verni, avant qu'y mettre l'eau forte, vôtre eau étant desseichée ; vous prendrez de la Mixtion même d'huile & de suif, dont je vous ai parlé au commencement du verni dur, & en couvrirez les loingtains & choses les plus douces & tendres ; & aprés avoir couvert cette premiere fois, vous remettrez sur vôtre planche la même eau forte que vous en aviez ôtée, & la laisserez un demi quart d'heure suivant les hacheures qu'avez à faire creuser, & ce temps fait, vous l'ôterez encore, laverez, sécherez & couvrirez, ce qu'aurez ensuite à couvrir.

Et finalement, vous y remettrez encore ladite même eau forte, & la laisserez dessus la valeur d'une demie heu-

re , ſuivant la force de l'eau & la nature de l'ouvrage ;
puis l'ôterez & jetterez derechef quantité d'eau commune deſſus.

Cela fait vous ferez un peu chauffer vôtre planche, &
en même temps vous oſterez le bord de cire qui eſt autour ; puis la laiſſerez chauffer plus fort tant que la mixtion
& verni en fondent ; puis vous l'eſſuyerez bien nette avec
un linge ; Et aprés vous la frotterez bien par tout avec
de l'huile d'olive ; & ce ſera fait , au retouchement du
burin prés ſi beſoin eſt.

Je vous avertis que lors que l'eau forte eſt ſur la planche
il faut avoir une barbe de plume, & la paſſer à travers ladite eau forte ſur l'ouvrage , afin de nettoyer la bourbe
ou verdet qui s'amaſſe dans les hacheures , lors que l'eau
y fait ſon operation, & afin de lui donner plus de moyen
d'agir , & auſſi pour voir ſi le verni n'éclatte point , car
autrement le boüillonnement de l'eau n'empêche de le
voir.

Vous ſerez auſſi averti , que l'eau forte du verni dur ,
eſt tres-excellente pour ſervir à creuſer l'ouvrage faite
ſur ledit verni mol ; & que la pratique de la verſer & de
couvrir de mixtion eſt toute pareille qu'au verni dur , &
ſi quelqu'un s'en veut ſervir, il doit être aſſuré qu'elle eſt
bien plus excellente pour cela que n'eſt celle des affineurs ; & de plus elle n'eſt point ſi ſujette à faire éclater
le verni ni à pluſieurs accidens, comme d'être prejudi-
ciable à la veüë & à la ſanté comme eſt celle de depart ;
neanmoins chacun uſera de telle qu'il voudra.

MANIERE DE RENDRE BLANCS
les Vernis dur & mol ſur la planche.

IL y a un moyen de blanchir les vernis ſur les planches
au lieu de les y noircir, & pour cela.

Quand vous avez appliqué vôtre verni dur (comme il
a été dit ſur la planche) vous le ferez cuire ou ſécher au
feu ſans le noircir , & de la même façon que s'il l'eſtoit ;
puis laiſſerez refroidir la planche : Aprés quoy vous aurez

du blanc de ceruſe bien broyé à l'eau, & mis dans une
écuelle de terre plombée, avec un peu de colle de Flan-
dre fonduë, vous mettrez ladite écuelle ſur le feu, &
ferez fondre & chauffer un peu le tout, cela fait vous prendrez dudit blanc qui doit être paſſablement clair, avec
une groſſe broſſe ou pinceau de poil de porc, & en blan-
chirez vôtre verni y en mettant le moins épais & le plus
uniement que vous pourrez, & l'y laiſſerez ſécher en
poſant la planche de plat en quelque lieu : Et ſi d'avanture
en la blanchiſſant, le blanc avoit de la peine à y prendre,
il ne faut que mettre parmi ledit blanc une goutte ou deux
de fiel de bœuf, & les mêler dans l'écuelle avec ladite
broſſe.

Et pour le verni mol il ne faut faire que la même choſe, aprés que l'on l'a appliqué ſur la planche & étendu
bien uniement avec les barbes de plumes ſans le noircir :
Quelqu'un pourroit dire que ſi on le noirciſſoit avant qu'y
appliquer le blanc deſſus, que venant aprés à y graver,
les hacheures y paroîtroient plus noires, & ſeroient par
conſequent plus diſtinctes à l'œil : Mais je répons à cela
deux choſes, qui ſont.

La premiere, que le noirciſſement fait que le blanc ne
s'y veut point attacher ; & l'on n'oſe pas y mettre tant
de fiel de peur de gâter le verni.

La ſeconde, que quand même le blanc s'y attacheroit,
il n'y paroîtroit que gris à cauſe de la noirceur dudit verni, ſinon qu'on l'y mît ſi épais que le tout n'en vaudroit
plus rien.

Le contretirement ou calquement ſur le verni mol, ſe
fait avec de la ſanguine comme j'ay dit cy devant pour le
dur, ou bien en frottant le papier ou deſſein de poudre de
pierre noire au lieu de ſanguine, quand le verni eſt rendu
blanc.

Quand vous aurez gravé ce que vous deſirerez ſur le
verni mol, & que vous voudrez faire creuſer la planche à
l'eau forte ; Ce qu'il y aura à faire eſt d'avoir un peu
d'eau commune plus que tiede, & en jetter ſur la planche
& avec une éponge douce où il n'y ait aucune ordure, ou
bien avec le charnu des bouts de vos doigts, frotter deſ-

sus ledit blanc , pour le détremper par tout , puis lavez ladite planche en sorte qu'il n'y ait plus de blanc dessus, & la faire sécher; & ensuite on y peut mettre de telle des deux eaux fortes qu'on veut suivant les manieres cy devant enseignées : Et pour en travaillant conserver ledit verni blanc , il ne faut que mettre dessus , un morceau de drap ou serge dont la laine soit bien douce, au lieu de papier, ou bien du même linge damassé.

Et si vous voulez avoir plûtôt ôté ledit blanc , faut avoir de l'eau forte de depart qui soit temperée avec de l'eau commune & en mettre par tout dessus ; cela le détrempera & mangera promptement , aprés quoy vous jetterez encore de l'eau commune & nette dessus ; ayant ôté le blanc de la façon , vous ferez aussi sécher l'eau qui sera demeurée dessus , & ferez creuser ensuite vôtre ouvrage , selon qu'il a esté dit cy-devant.

MOYEN POUR REGRAVER
ce que l'on peut avoir oublié de faire, ou bien ce qu'on veut changer ou ajoûter, aprés que les planches sont creusées à l'eau forte.

AVant que finir il m'est souvenu de vous donner le moyen de refaire plusieurs choses au besoin par le moyen de l'eau forte ; comme lors qu'il arrive qu'ayant fait sur vôtre cuivre quelque chose qui ne vous plût pas, & que pour cette cause vous l'avez couvert de la mixtion, afin que l'eau forte n'y fist son operation ; ou mesme que vous y voudriez ajoûter quelques ornemens comme sur quelques draperies ; & quantité d'autres choses qui se peuvent rencontrer aux occasions ; En ce cas donc , vous prendrez vôtre planche , & la frotterez bien d'huile d'olive par son endroit gravé , de sorte que le noir & les saletez qui peuvent être dans toutes les hacheures en soient ôtées ; puis vous la dégraisserez si bien avec de la mie de pain , qu'il ne reste rien de gras ni de sale dessus, ni dans les hacheures.

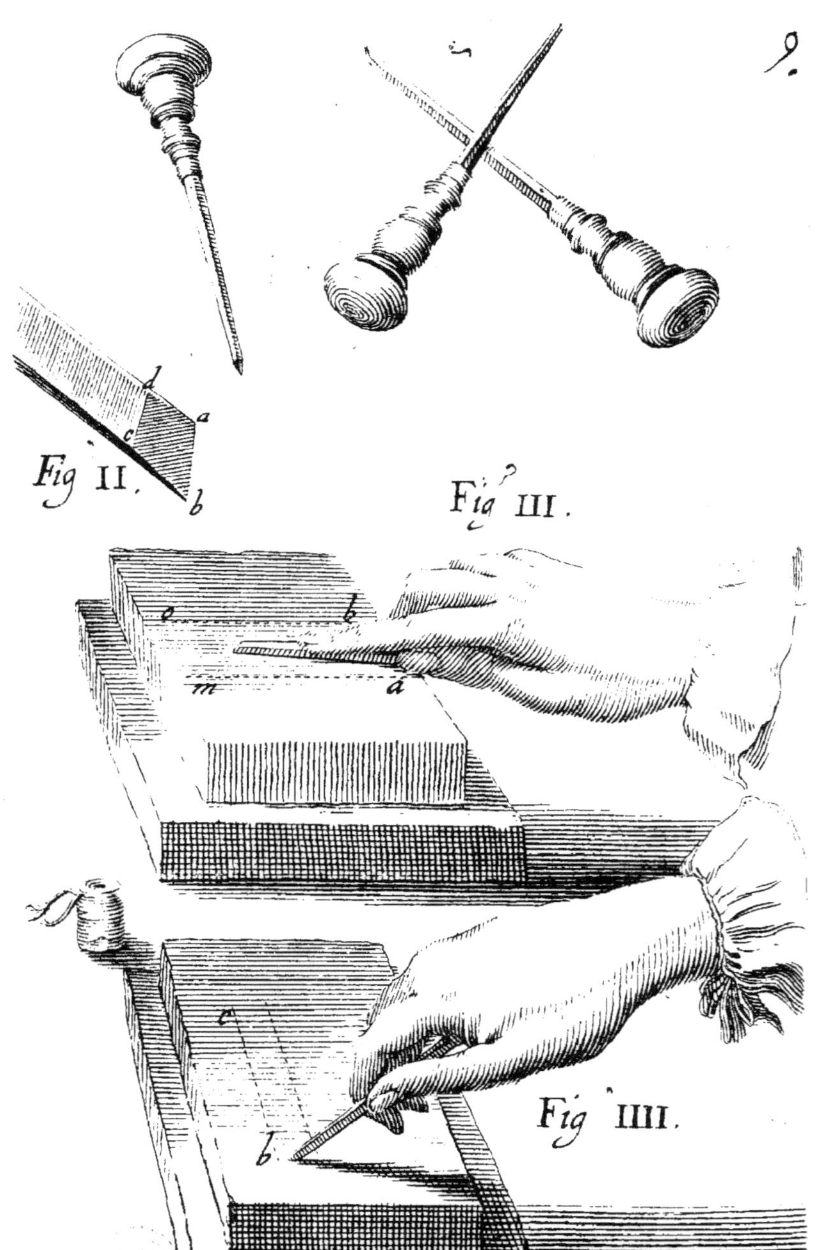
d
a
c
b
Fig II.
Fig III.
o
b
m
a
c
b
Fig IIII.

Lors vous la ferez chauffer fur un feu de charbon , & y
étendrez du verni mol deffus avec une plume , comme il
a été dit cy-devant : tout ce qu'il y a à prendre garde eft
qu'il faut que les hacheures que vous voulez qui demeurent foient remplies de verni ; cela fait vous la noircirez
auffi côme j'ay dit cy-devant: puis vous y ferez ce que vous
defirez refaire ou ajoûter , & enfuite vous le ferez creufer
par le moyen de l'eau forte , felon que la forte d'ouvrage
le requerera , prenant garde avant que d'y mettre l'eau
forte , de couvrir de la mixtion comme j'ay dit la premiere graveure qui étoit fur vôtre planche , pour au cas que
le verni n'eût entré par tout,& cela eft toûjours le plus fûr;
d'autant que s'il fe rencontroit qu'il n'y eût ni mixtion ni
verni en quelques endroits defdites hacheures , l'eau forte
ne manqueroit pas d'y entrer & gâteroit tout: Ayant donc
fait creufer vôtre ouvrage à l'eau forte , vous ôterez le
verni de deffus vôtre planche par le moyen du feu , en la
maniere cy-devant dite pour le verni mol.

MANIERE FACILE POUR SÇAVOIR
tenir, manier & aiguifer un Burin.

PRemierement j'ay mis au haut de la planche qui fuit
pour une plus grande intelligence , la forme d'un Burin tout emmanché , deffigné de plufieurs côtez, afin par
ce moyen d'en faire mieux connoître toutes les parties; fur
quoy vous ferez averti , que les Burins fortans de chez
celui qui les fait , n'ont pas d'autre forme que quand vous
les avez aiguifez , elle eft communement en lozange , &
quelquefois approchant du quarré ; ceux en lozange font
propres à faire un trait profond à proportion de leur largeur : Lefdites figures vous montreront comme ils ont
quatre côtez ; defquels il n'eft befoin pour la graveure
d'en aiguifer deux , fçavoir, comme la figure I I. vous
monftre en plus grand , les côtez marquez *a b* , & *b c* ,
puis en l'applatiffant par le bout, fe fait la pointe ou an-
gle folide *b* , qui entre dant le cuivre, tellement que pour
avoir ladite pointe *b* , bien vive aiguë & tranchante il faut
avoir bien aiguifé lefdits deux côtez, & auffi toute l'é-

paiſſeur du burin par le bout : Et à cet effet il faut être
fourni d'une bonne pierre à huile bien platte, & y appliquer le burin deſſus par un de ſes côtez, par exemple le
côté *a b*, & le tenant ferme & de plat ſur ladite pierre
avec de l'huile d'olive, y appuyant fermement le premier
doigt d'aprés le pouce; autrement l'indice, ainſi que la
figure I I I. vous montre, en le pouſſant vivement pluſieurs fois de *b a*, vers *o m*, & le retirant auſſi vivement de *o m*, vers *b a*, & cela juſqu'à ce que tout ledit
côté ſoit devenu bien plat, puis faut en faire autant du
côté *b c*, de ſorte que l'arreſte commune à ces deux côtez
ſoit bien vive, & tranchante en la longueur d'un bon
pouce ou environ.

En aprés vous lui ferez ſa face de la ſorte que la figure
I V. vous monſtre, en tenant ledit burin fermement ſur
icelle face, & le faiſant aller & venir vivement ſur la
pierre de *b*, à *c*, & en revenant de, *c à b*, en ſorte qu'il
ne varie point, d'autant que ladite face ne ſeroit pas
bien platte, ſi l'on varioit tant ſoit peu.

Que ſi ladite face eſt trop large, il ne faut qu'en abattre un peu les deux côtez *a d*, & *d c*, & principalement
l'arreſte *d*, par le moyen de la pierre.

Et lors qu'à force de ſe ſervir d'un burin, il arrive que
le bout où eſt la face devient trop gros, & qu'il y a de
la peine ſur la pierre d'uſer ces deux côtez *a d*, & *d c*,
l'on fait abattre ou uſer cela à un émouleur ou couſtelier,
avec ſa meule de grez.

Vous jugez donc bien qu'ayant aiguiſé ainſi bien vivement ces deux côtez de burin bien plats, & ſa face du
bout, ledit burin doit bien trancher le cuivre, & d'autant
que le tout dépend de ſa pointe, & que l'œil a peine de
voir ſi elle eſt telle qu'il la faut, pour le ſçavoir on a de
coûtume d'eſſayer ſur un des ongles de la main, ſi ladite pointe en l'appuyant un peu deſſus, y prend & mord
vivement.

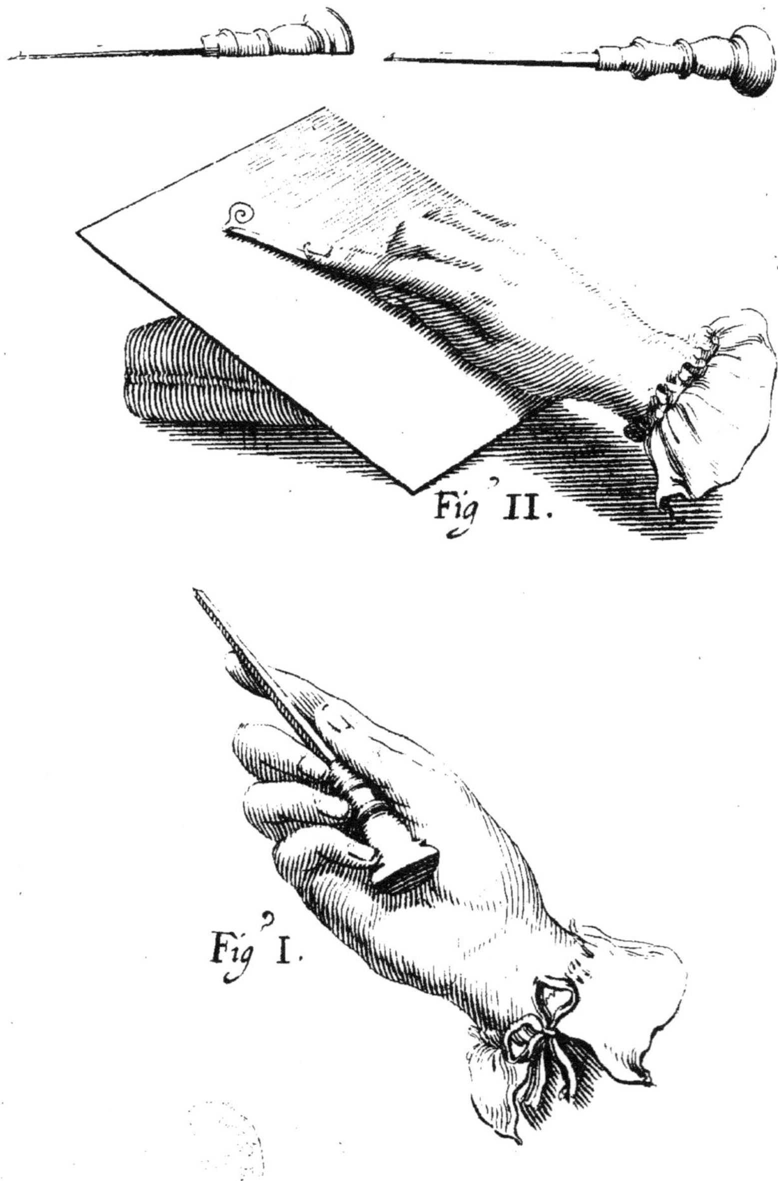

Fig. II.

Fig. I.

LA METHODE DE TENIR
& manier le burin sur le cuivre, & autres traitez.

VOus voyez encore cette planche d'en haut, comme quand le Burin a été emmanché pour l'aiguifer, la boule ou gros bout de l'emmanchure étoit toute entiere, & qu'en celuy qui est à côté, il en a été coupé quaſi la moitié qui répond au droit & perpendiculairement à l'arreſte comme aux deux côtez *b a*, & *b c* : Tous les Graveurs en Taille-Douce au burin coupent d'ordinaire cette partie, afin que leur burin ſe puiſſe mettre à plat ſur leur planche, comme vous allez voir en la maniere de le tenir par la figure I. vous y conſidererez donc que la main le tient en ſorte que venant à le poſer de plat ſur la planche comme la figure I I. vous montre, qu'il faut que ladite areſte ſoit tournée vers le cuivre, & qu'il n'y ait aucun de vos doigts enfermez entre le burin & ladite planche, afin que par ce moyen vous le puiſſiez mener & conduire librement dans le cuivre, y entrant & ſortant en faiſant un trait gros au milieu & délié par les deux extremitez, ce que vous ne pourriez bien faire ſi vos doigts ou l'un d'eux, étoient entre le cuivre & le burin.

C'eſt pourquoy vous prendrez garde qu'il faut que le gros bout rond du manche de vôtre burin, ſoit appuyé prés le creux de vôtre main; afin d'être appuyé contre le bout de l'os de vôtre bras, pour par ce moyen avoir de la force pour ſurmonter facilement la reſiſtance du cuivre, & principalement lors qu'il s'agit de faire de groſſes & profondes hacheures : & pour ce qui eſt de bien donner à entendre la fonction que doivent faire tous les autres doigts en même temps, je ne crois pas que cela ſe pût aiſément faire avec des ſeules figures & à moins que de le montrer effectivement au doigt & à l'œil ; Et ceux qui ont accez avec des Graveurs le peuvent facilement ſçavoir d'eux, & en peu de temps.

Je me contenterai donc de dire, qu'il faut en gravant

conduire vôtre burin le plus que vous pourrez , paralellement à vôtre Planche, d'autant que faisant autrement en
ayant les doigts entre le burin & le cuivre, il y entreroit en
faisant un trait soit droit ou courbe toûjours de plus en
plus profond , & par ce moyen vous ne pourriez pas sans
le reprendre à deux fois, faire un trait tout d'un coup,
dont l'entrée & la sortie soit déliée & le milieu gros, comme il a été dit cy-devant en la graveure à l'eau forte.

C'est pourquoy vous tâcherez de vous bien routiner à
faire de ces traits droits & tournans, en enfonçant & soulageant de la main ledit burin suivant les occasions.

Et pour cet effet faut que vous vous fassiez un petit
Coussinet d'un cuir assez fort , à peu prés de la forme des
pelottes dont les Femmes & Filles se servent pour mettre
des éguilles & épingles, qu'il soit de la largeur d'un demi pied en quarré , & de la hauteur de trois ou quatre
pouces ; estant rempli de sable assez fin , & vous poserez
ce Coussinet sur une table arrestée fermement.

Puis vous poserez vôtre planche sur ce Coussinet, afin
de la tourner selon que les traits & hacheures vous y obli-
geront , ce qui ne se peut encore representer parfaitement par des figures, vous jugez donc bien qu'il est difficile de vous écrire ici toutes les observations necessaires
à cet effet. Car en pratiquant chacun en ressent & remar-
que mieux les difficultez qu'il ne sçauroit comprendre en
lisant, & voyant des figures ; il me semble aussi qu'il n'y
a gueres de personnes qui veulent pratiquer cet art, qui
n'ait veu ou ne puisse voir comme on grave au burin ;
neanmoins il y a une chose à vous dire que vous ne sçauriez peut-estre pas, c'est qu'en cas que vôtre burin vint à
rompre ou à émousser sa pointe en gravant, ce qui n'arrive d'ordinaire que trop ; lors donc que vous sentez que sa
pointe se rompt net , c'est un témoignage qu'il est trop
dur trempé : c'est pourquoy vous prendrez un charbon
ardent , & en le soufflant appliquerez le burin dessus,
puis quand vous verrez que le burin jaunit , il le faut promptement tremper dans l'eau , & si l'acier est fort dur , il
faut faire revenir ledit burin comme de la couleur d'une
cerise qui commence à rougir. Mais si le burin émousse

sa pointe sans se casser , c'est signe qu'il ne vaut rien.

Vous serez de plus averti , qu'aprés avoir gravé quelques traits ou hacheures , il les faut ratisser avec la vive areste ou trenchant d'un autre burin , en le conduisant & raclant paralellement à la planche pour les ébarber , & prendre bien garde en ce faisant de n'y point faire de rayes , & afin de voir mieux ce que l'on a gravé , l'on fait d'ordinaire un tempon de feutre de chapeau noir un peu graissé d'huile d'olive ; & l'on frotte avec cela dessus les endroits gravez , & aussi en passant la main par dessus toute la superficie de vôtre planche vous sentirez s'il n'y a point resté des coupeaux qui se font du cuivre en le gravant , afin qu'en le sentant avec la main vous les ôtiez en les ébarbant, comme il est dit, avec le trenchant du burin , & si d'avanture vous aviez fait quelques rayes , vous les pouvez ôter avec le brunissoir , & épargnant les hacheures , car si l'on appuyoit fort le brunissoir sur elles cela les écacheroit toutes.

Il y a une chose à faire aprés que vous avez gravé & retouché vos planches , c'est de les limer par les bords en les remettant à l'équierre , premierement avec une grosse lime , puis avec une plus douce , & en émousser un peu les coins , & y passer ensuite le brunissoir, afin que la rudesse de la lime ne retienne point de noir en les imprimant.

Quand les Imprimeurs sont curieux de leurs ouvrages , ils soulagent les Graveurs de cette peine , mais bien souvent ils impriment les planches comme elles leur sont données , & partant c'est au Graveur à prendre le soin de ce que je viens de dire , s'il veut être curieux jusques au bout.

MANIERE

MANIERE

D'IMPRIMER

LES PLANCHES

en Taille-Douce.

AVEC

*Le moyen d'en construire
la Preſſe.*

AVERTISSEMENT.

J'Avois eu deſſein en ce Traitté de ne m'étendre que
fort peu ſur la maniere d'imprimer les planches gravées, comme n'étant pas de ma profeſſion ; Mais quelques-
uns de mes amis m'yant repreſenté que pour le contentement de pluſieurs perſonnes , il ne ſeroit pas inutile d'en
traitter un peu plus au long ; afin que ceux qui pourroient
avoir gravé quelques planches, & qui ſe trouveroient
éloignez des lieux ou cette ſorte d'imprimerie eſt en uſage , en puſſent par cet écrit avoir quelque connoiſſance,
pour s'en aider au beſoin ; étant un art dont juſques à
preſent on n'a point traitté par écrit public que je ſçache,
& lequel eſt entierement neceſſaire pour faire voir l'effet
des planches gravées tant au burin qu'à l'eau forte,n'ayant
été inventé que pour elles.

Cela m'a donc obligé de mettre ici d'une ſuite, par un
nombre de figures , & par leurs meſures toutes les pieces
deſaſſemblées & aſſemblées, d'une Preſſe à imprimer les
Tailles-Douces, & d'en expliquer au mieux que j'ay pû
toutes les particularitez , que je penſe neceſſaires pour
en faire une bonne & belle impreſſion.

Et d'autant qu'en traittant du moyen de faire faire la
Preſſe, la monter , aſſembler , & garnir de tout ce qui lui
eſt neceſſaire , j'ay été en neceſſité de faire paſſer la
planche entre les rouleaux d'icelle Preſſe avant que de
l'avoir encrée , & encore avant qu'avoir traitté des
cuittes de l'huile, du noir, & des couleurs dont on ſe
ſert à imprimer , du tampon ou balle, du trempement du
papier & de la façon d'encrer ladite planche ; j'ai voulu
vous avertir que le diſcours qui déduit ces choſes, eſt
aprés celui de l'ajuſtement de ladite Preſſe , & du moyen
de faire paſſer la planche & table entre les rouleaux.

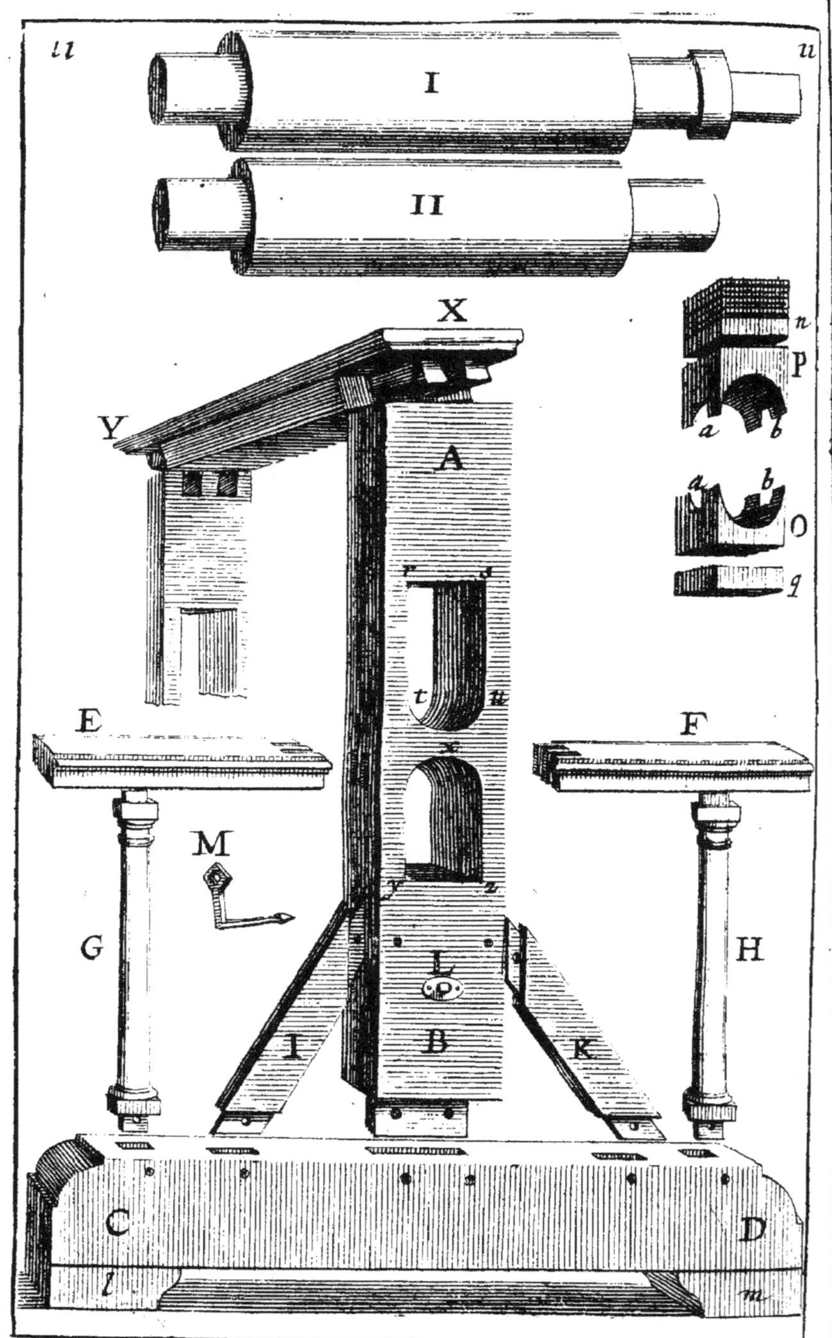
11
u
I
II
X
Y
A
n
P
a
b
a
b
O
q
r
s
t
u
x
E
F
M
y
z
G
H
L
P
I
B
K
C
D
l
m

EXPLICATION DES PIECES
qui compofent la Preffe pour imprimer en Taille - Douce.

IL y a plufieurs pieces qui compofent une Preffe pour imprimer les planches gravées en Taille-Douce , dont la
plus grande partie eft reprefentée en perfpective en cette
planche.

De ces pieces il y en a deux qu'on nomme les pieds comme celles marquées C D, quatre qu'on nomme billots comme celles marquées *l m*, pour fervir à foulever la Preffe & à
la tenir en bonne affiette.

Deux comme la piece A B , que l'on nomme jumelles ,
ayant chacune deux entailles en arcades *r s t u*, & *x y z* per-
fées d'outre en outre à droits angles ; quatre pareilles aux
deux P O , nommées boites ; Et quatre morceaux de bois
comme les deux *n q*, nommées hauffes ; lefquelles font pour
loger dans les entailles defdites jumelles, afin que lefdites boites accolent les tenons des rouleaux comme il fera expliqué
en fon lieu; il faut que lefdites quatre boites foient cochées
comme aux endroits *a b* , afin de reveftir de fer blanc le dedans du rond defdites boites , comme il fera dit cy aprés.

Il y a quatre de ces pieces, comme les deux I K , qui fer-
vent d'arcs-boutans aux Jumelles.

Quatre qu'on nomme les bras de la preffe marquée E F.

Quatre comme les deux colonnes G H , qui s'enclavent
par un bout aux pieds, & de leur autre bout aux bras de la
preffe.

Il y a enfuite la vis marquée L , dont il en faut deux pour
tenir la traverfe laquelle fera expliquée en fon lieu ; puis la
clef de fer pour fermer lefdites vis, marquée M.

Vous voyez la piece marquée X Y , qui entre en queuë
d'aronde dans les deux jumelles , pour les tenir par haut en
eftat.

De plus vous voyez en haut , les deux rouleaux , celui de
deffus marqué I & celui de deffous marqué I I.

Il refte encore la table , la croifée ou moulinet , & deux

petits aïs qui entrent dans les coulisses des bras, & les deux
autres pieces en queuë d'aronde, & la traverse, qui seront
deduites cy-aprés

Les Pieces de la Presse doivent être de bon bois de chesne
bien sec, ou semblable, à la reserve de la table & des rouleaux, qui doivent être de bon bois de noyer bien sec &
sans aubier ou semblable ; Et les rouleaux de cartiers & non
de rondin ; il s'en fait aussi de bois d'orme.

ASSEMBLAGE DES PIECES QUI composent un des côtez de la Presse.

VOus voyez en cette planche la plus grande partie des
pieces dont nous venons de parler, assemblées pour en
composer un des côtez de ladite Presse, de sorte qu'en
ayant fait encore un autre côé qui lui soit pareil en toutes
ses parties, il ne reste plus que trois ou quatre pieces que je
décrirai en la figure suivante pour en achever la presse.

J'ay mis la mesure à chacune de ces pieces : Et pour dire
pied je mets *pi*, pour dire poulce je mets *p*, & pour dire ligne je mets *l*, & de plus j'ay mis en bas une échelle de deux
pieds dont il y en a un divisé en douze poulces ; j'ay derechef mis en cette figure les deux rouleaux & les deux boites
de dessus A B, & aussi les deux de dessous Q, & D, pour
en voir leurs mesures & montrer que le rouleau I. doit être
engagé dans l'arcade & entaille de dessus par son tenon 8.
puis son autre endroit du tenon marqué 9. doit être posé
dans l'entaille & arcade de l'autre jumelle opposée directe-
ment à celle-cy ; puis ayant posé une hausse de bois dans
l'entaille d'embas, & sur icelle hausse une des boites, en
sorte qu'ayant posé sur icelle un des tenons du rouleau de
dessous 11 elle accole ledit tenon ; il en faut aussi faire autant
pour son autre tenon à l'autre jumelle que vous avez fait au
rouleau de dessus cotté I.

J'ay à achever de vous dire qu'il faut revenir au rouleau
de dessus auquel nous devons mettre ensuite les boites sur
les tenons, & pareillement les deux hausses, puis remplir le
dessus jusques au haut des entailles, comme cela se peut voir
par ladite figure, & avant que d'avoir appliqué vos boites,

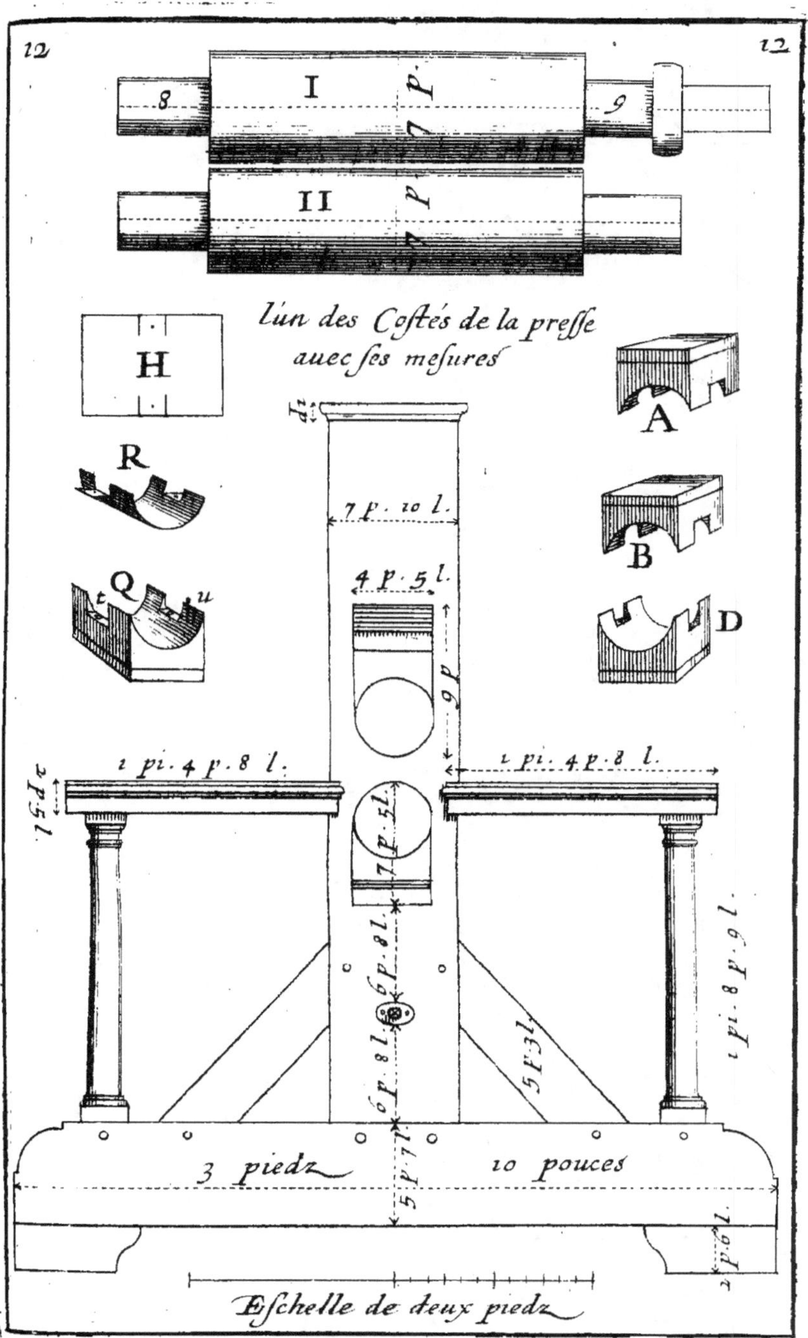

12
12
8
I
7 P.
9
7 P.
II
7 P.
L'un des Costés de la presse
auec ses mesures
H
A
R
B
Q
t
u
D
7 p. 10 l.
4 p. 5 l.
9 p.
7 p. 5 l.
1 pi. 4 p. 8 l.
1 pi. 4 p. 8 l.
2 p. 5 l.
1 pi. 6 p. 8 l.
5 p. 3 l.
3 piedz
10 pouces
1 p. 6 l.
Eschelle de deux piedz

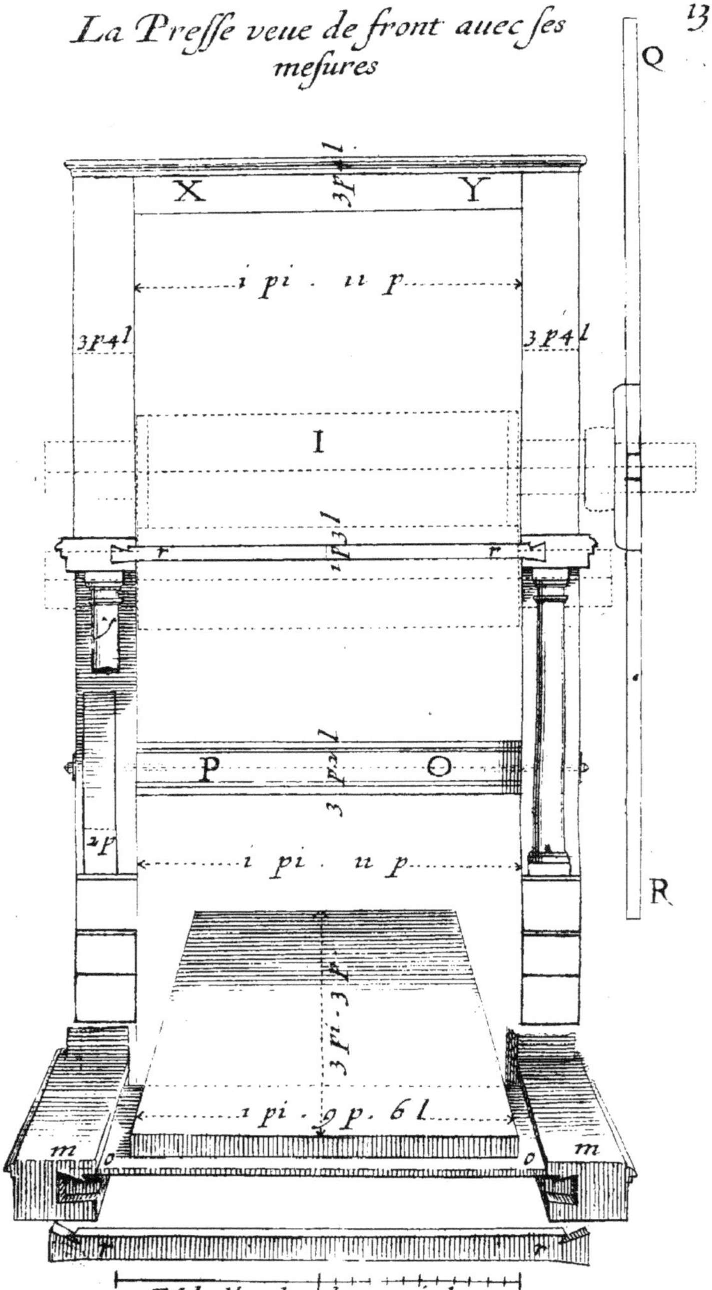

Eſchelle de deux piedz

Il faut que vous les ayez revêtuës toutes quatre de fer blanc
par le dedans, afin que les tenons frottans dessus ne les usent
& empêchent d'aller si librement ; je croy que les deux pieces H R, & la boite Q, vous les expliqueront assez à la vûë
avec ce peu de discours.

La piece H est une plaque de fer blanc coupée de la grandeur requise pour garnir le creux de la boite qui accole le tenon du rouleau, laquelle piece étant pliée en rond comme en
R, doit être appliquée dans ledit courbe de la boite, & arrê-
tée par ses deux oreillettes, avec deux petits cloux dans les
deux entailles *t u* de la boite Q. Vous vous souviendrez
qu'il faut ainsi accommoder toutes les quatre, & devant que
d'ajuster vôtre presse pour imprimer, il faut avoir froté de
vieil oingt lesdites plaques & les tenons des rouleaux.

LA PRESSE VEUE DE FRONT
assemblée de toutes ses pieces à la reserve
de la table.

VOus voyez par cette figure avec ses mesures comme la
Presse est montée ; de sorte qu'ayant fait comme j'ai
dit cy devant, vos deux jumelles & leurs pieces adjointes,
pour faire les deux côtez de la Presse, il ne reste qu'à vous
montrer comme elles se tiennent ensemble par le moyen de
quatre pieces.

Premierement par la piece d'enbas P O, nommée traverse, laquelle tient avec deux tenons & deux vis quarrement
aux deux jumelles.

Plus en haut par la piece X Y nommée sommier, laquelle tient aussi aux deux jumelles en queuë d'aronde par chacun bout & quarrement.

Il y a des Presses où elle est appliquée par des tenons &
vis, comme la traverse P O.

Vous voyez aussi tracé par points, comme les deux rouleaux sont posez par leurs tenons sur les boites & entailles des
deux jumelles, & ensuite le Moulinet Q R, que les ouvriers nomment Croisée, posé au tenon quarré du rouleau
de dessus cotté I ; ledit moulinet sera representé en la figur

qui suit, comme en perspective, afin d'en bien faire voir la forme.

La colonne ou pied droit *y* n'est brisée que pour faire voir la place de l'arc-boutant qui tient à la jumelle & au pied, afin de placer les autres trois de la sorte.

J'ay mis en bas en plus grand, un morceau des deux bras de la Presse, où s'enclave la piece en queuë d'aronde *rr*, aprés avoir fait couler le petit ais *o o* dans les deux coulisses qui sont aux deux bras *m m*, il se faut bien souvenir de faire que le dessus du rouleau de dessous, où doit passer la table de la Presse, soit plus haut d'un pouce ou environ que la piece en queuë d'aronde *rr*, & le petit ais; autrement la table passeroit dessus fermement, & il ne faut pas.

Il en faut faire autant de l'autre côté de la Presse, à ses deux autres bras.

J'ay aussi mis enbas en perspective la table de la Presse, laquelle doit avoir trois pieds trois pouces de long, & de largeur un pied, neuf pouces six lignes ou environ, & un pouce six lignes d'épais, à cause qu'il la faut quelquefois redresser.

Les rouleaux doivent être tournez bien rondement & paralellement de tous sens; & si d'avanture celui d'enhaut se fendoit, il faut le bander par les deux gros bouts de cercles de fer, y faisant des entailles au bois selon l'épaisseur desdits cercles, ce que j'ay marqué de points par un des bouts dudit rouleau de dessus.

LA FORME OU FIGURE
du Moulinet ou Croisée.

VOus devez avoir veu par les precedentes figures que le Moulinet sert à faire tourner le rouleau de dessus, lequel étant pressé ferme contre la table, l'entraîne à mesure qu'il tourne; puis ladite table posant comme elle fait sur le rouleau de dessous, elle le fait tourner, de sorte que le rouleau de dessus tourne d'un sens, & celui de dessous tourne d'un autre.

Il faut être bien exact à faire que la table en passant entre lesdits rouleaux, en soit serrée également au long de chacune de ses deux surfaces, principalement en celle de des-

14
14 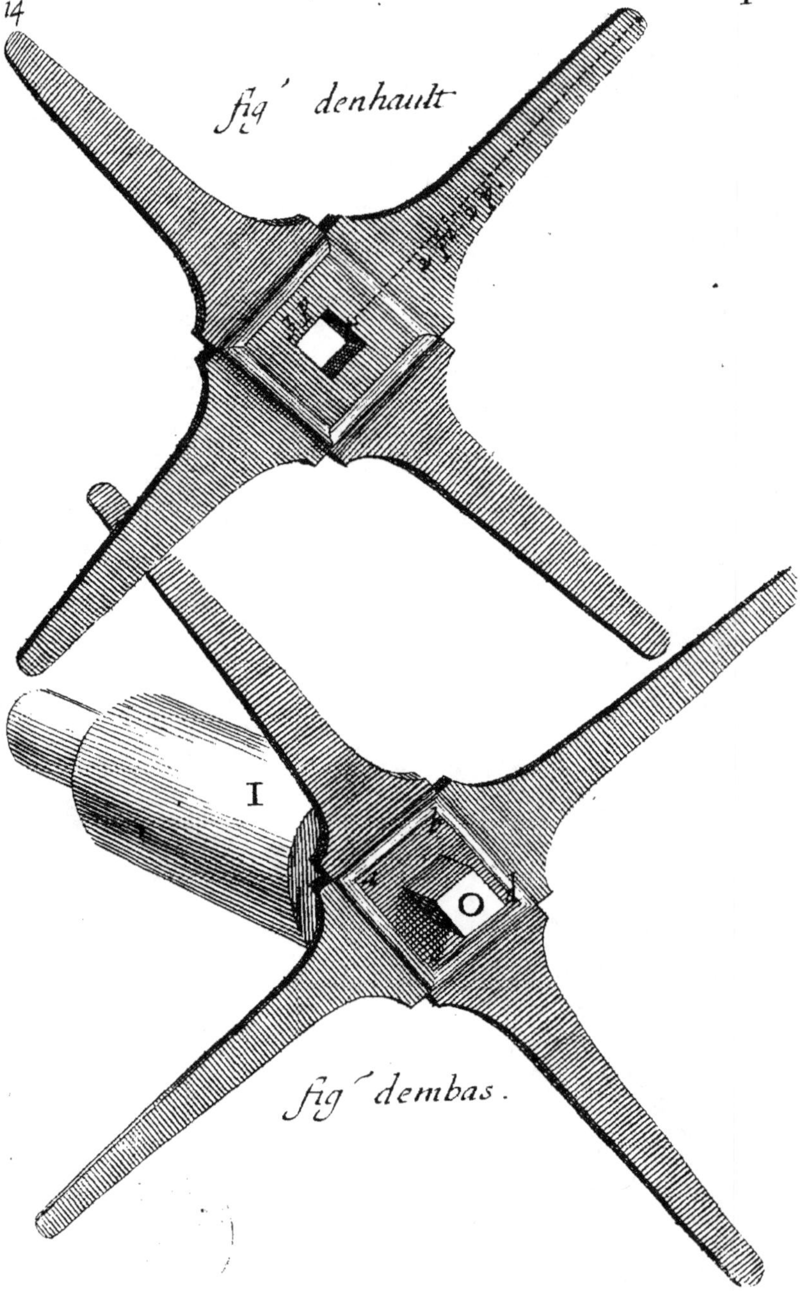
fig. denhault
I
O
fig. dembas.

fus ; c'eft pourquoy la table doit eftre extrememênt plane ,
& les rouleaux tournez autour bien cilindriquement ou
rondement, afin qu'étant couchez fur ladite table, il ne pa-
roiffe point de jour entre deux.

Je reviens à la figure ou forme du moulinet , & dis que
je l'ai mis deux fois en cette planche, l'une comme en la
figure d'enhaut n'étant point emboitée au tenon du rouleau ,
& fur iceluy j'ay mis les mefures ; puis enbas je l'ai mis
emboité audit tenon O du rouleau I quarrement, comme la
figure vous montre ; *a b c d* eft un morceau de bois épais
d'un pouce, lequel ne fert qu'à fortifier l'endroit où ledit
moulinet reçoit le plus d'effort ; vous jugez bien à l'œil que
l'on le tourne à la main, & vous verrez en la deuxiéme figure ou planche qui fuit , la façon de le tourner.

Et en la premiere qui fuit , vous verrez comme il faut
ajufter la Preffe avant que d'imprimer ; neanmoins à caufe
que j'ay place ici pour en dire quelque chofe, & que je crains
ne pouvoir tout expliquer en la page qui fuit, je vous dirai
par avance.

Que pour ajufter en gros ladite table & les rouleaux , il
faut premierement ôter les hauffes & boites qui accolent &
appuyent fur les tenons du rouleau de deffus où doit être ad-
joint le moulinet, afin qu'en pouffant la table & levant ledit
rouleau, ladite table paffe deffous, & par confequent entre
les deux rouleaux, de forte que le côté uni d'icelle foit deffus.

Et lors il faut remettre les boites & hauffes, enfemble les
cartons, au lieu où elles étoient, puis voir fi les rouleaux
en tournant le moulinet, touchent par tout les furfaces de
la table ; ledit moulinet fe met & remet aux occafions au
tenon quatre O , fans être retenu que par luy.

PERSPECTIVE DE LA PRESSE
veuë de front & garnie de toutes fes pieces pour imprimer.

APrés avoir mis & ajufté comme j'ai dit , la table entre
les deux rouleaux ; pour eftre encore plus affuré de cette juftelle, il faut appliquer fur la table une fueille de papier

& fur icelle une affez grande planche d'égale épaiffeur par
tout , puis fur ladite planche un ou deux langes de drap , &
faire paffer le tout entre les deux rouleaux , & fi l'emprein‑
te que la planche aura faite fur ladite feüille eft égale par
tout , il y a apparence qu'elle n'eft pas mal ajuftée ; cela
n'empêche pas qu'en imprimant tout de bon , on ne regarde
fi la planche fait fur le papier une impreffion égale , & fi
toutes les tailles qui font fur icelle rendent également leur
noir fur le papier.

Or bien que je n'aye encore rien dit touchant les langes ,
le noir , l'apreft du papier , la façon d'encrer la planche &
autres particularitez que j'ay mifes ci‑aprés , je ne laifferai de
pourfuivre à la maniere d'imprimer , fuppofant que la plan‑
che foit encrée , & qu'on foit fourni de papier & de langes.

Donc fuppofant qu'on ait deux ou trois langes de drap
tels qu'il fera dit cy‑aprés.

L'Imprimeur étant debout & placé de front devant le mi‑
lieu de la Preffe ayant les pieds pofez en B , & ayant vers foi
la plus grande partie de fa table *d e f g*, il pofe un de fes lan‑
ges uniment fur icelle , puis deux autres enfuite fur iceluy ,
de forte que vers le rouleau , le lange de deffus deborde un
peu de celui de deffous, & ainfi de l'autre , & de mefme y en
ayant davantage.

Ces langes étant ainfi bien uniement l'un fur l'autre , il
tourne le moulinet , & le rouleau venant à entraîner la table,
monte facilement fur les langes ; & quand il a anticipé la
valeur d'un pouce fur celuy de deffous; l'Imprimeur renver‑
fe uniement fur le rouleau tous lefdits langes , comme *f x h e*
vous montre. En aprés il met une feuille de papier blanc non
moüillé , de la grandeur de celui qu'il a trempé , comme il
fera dit, pour imprimer ; & la pofe fur la table entre l'efpa‑
ce *d e f g*, pour fervir à marger la planche , & fur cette
feüille il met la planche gravée toute encrée & un peu chau‑
de , & felon la marge qu'iceluy veut donner; fçavoir comme
la figure vous montre le côté gravé en deffus comme en C ,
puis il couche bien uniement fur cette graveure , la feüille
de papier trempé qu'il veut être imprimée ; & fur icelle une
autre pareille feüille un peu moüillée à l'éponge , nommée
ordinairement maculature.

La Presse en Perspective
vuë de front
Les Langes
C
h
a
d
g
B

La Presse en Perspective
16
A
B
C

Puis il renverse les langes de dessus le rouleau uniemens
sur tout cela ; & en tournant le moulinet doucement & rondement , il fait passer le tout de l'autre côté ; comme vous
voyez en cette planche.

PERSPECTIVE DE LA PRESSE
veuë par le côté où l'on voit l'Imprimeur
tournant le moulinet.

L'Imprimeur donc tourne le moulinet doucement & rondement & non avec secousse, afin que l'estampe vienne
nette & sans être pochée, maculée ni doublée, & si les
planches ne sont pas d'égale épaisseur par tout , il met entre
la table & la planche des morceaux de cartons & gros papiers déchirez selon la forme desdites inegalitez ; & quand
la planche est ainsi passée vers le côté A , en sorte que le
rouleau ne porte plus sur les papiers , mais seulement sur le
bout des langes cottez B , il va dudit côté A . & leve les
langes tout à la fois , les renversant sur le rouleau comme a
été dit ci-devant, & ensuite la maculature.

Aprés il prend avec les deux mains par ses deux bouts la
feüille qui est sur la planche , & la leve tout doucement, afin
que la force du noir n'écorche le papier , & considere aprés
si tout a bien pris sur ledit papier ; & si cela est, il va remettre du noir en la planche, comme il sera dit ci aprés.

Et l'ayant derechef encrée , il la vient remettre sur la table
justement & precisement au même endroit où elle étoit auparavant , en y mettant de même une feüille du papier trempé , & sur icelle la même maculature qu'il avoit renversée
sur les langes , sans la moüiller davantage ; puis il renverse
aussi sur tout cela les langes bien uniement comme devant ,
& étant en A , & tournant aussi le moulinet doucement &
rondement , il fait repasser la planche au même lieu B , d'où
elle étoit partie , & aprés releve comme devant les langes ,
la maculature & la feüille imprimée de dessus la planche ;
& de suite il va rencrer la planche & continuë de même
tant qu'il lui plaist.

Il est besoin de vous dire que pour la commodité de l'Im-

58

primeur, il y a vers chaque bout de la preſſe A B , en quelque lieu qui ne lui ſoit incommode ; deux tables avec chacune une ɛüille de papier, ſur leſquelles il poſe de plat uniement les unes ſur les autres, les eſtampes qu'il tire; ſçavoir,
lors qu'il eſt vers A, l'eſtampe qu'il reçoit il la met ſur la table la plus proche, & ainſi du côté B ſur l'autre : Et davantage il met ſur le haut de ſa Preſſe nommé ſommier, le papier trempé ſur lequel il imprime, que j'ay mis en cette figure precedente comme en C.

Aprés que l'Imprimeur a fait ſa journée, il prend de l'huile d'olive avec un tampon ou morceau de ſerge & en huile
ſa planche, afin que le noir qui eſt dans ces tailles ne s'y ſei-
che, principalement en eſté quand il fait bien chaud.

Il fait auſſi la même choſe lors qu'il a tiré de ſa planche
ce qu'il a voulu, & de ſorte qu'il n'y reſte point de noir,
puis il l'enveloppe de papier juſques à ce qu'il la veüille reprendre pour la réimprimer, & la doit ſerrer en lieu non
humide.

Il faut encore vous dire que le même ſoir ou le lendemain
matin il étend ſur des cordes nettes & bien tenduës, les eſtampes qu'il a tirées le jour, leſquelles il avoit miſes les unes
ſur les autres ſur ſes deux tables ; les laiſſant ainſi tenduës
juſques au lendemain ; puis il les mettra uniement les unes
ſur les autres, le papier étant ſec, & enſuite les tenir aprés en
preſſe un jour ou deux, & alors en les maniant un peu de
douzaine en douzaine, les remettre enſuite s'il y a moyen,
en pile dans un coffre, cela fait extremement bien revenir &
ſécher de bonne ſorte le noir.

EXPLICATION DES CHOSES
neceſſaires pour imprimer en Taille-douce.

Des Langes.

LEs Langes doivent être d'un drap bien foulé & ſans
croye ; il y a des Imprimeurs curieux qui ont auſſi
quelques langes d'une ſerge fine à deux envers, leſquels
ſont pour en mettre un tout le premier ſur la planche, en-

suite sur icelui deux ou trois des autres : il faut que lesdits
langes blancs n'ayent ni lisiere ni ourlet, il en faut faire de
deux ou trois grandeurs suivant les planches & papiers sur
quoy l'on imprime ; & d'autant qu'à force de les faire passer
sous le rouleau ils se pressent & deviennent durs & aussi
moüillez ; il est besoin de les étendre les soirs, puis les ma-
tins avant que de s'en servir il faut les tortiller, frottter &
froisser en bouchonnant, afin de les dépresser & rendre
molets ; il en faut avoir de rechange, afin de laver ceux qui
sont trop durs & en ôter la colle que le papier moüillé dont
l'on imprime jette dedans.

Des linges blancs de lessive.

IL faut être pourvû d'assez bon nombre de morceaux de
vieil linge, à cause que l'on en employe beaucoup à faire
ce que l'on appelle entre les Imprimeurs, des torchons.

Maniere de faire le Tampon.

LE Tampon est fait de bon linge de chanvre doux & fin
& à demi usé ; & ayant suffisamment d'un tel linge,
vous le roulerez comme quand on roule une bande ou lizie-
re, mais plus fermement sans comparaison, car le plus ferme est le meilleur ; & en formerez comme une molette de
Peintre ; puis vous prendrez de bon fil en plusieurs doubles,
& une maniere d'alesne dont vous percerez tout au travers
en plusieurs lieux y passant le fil, vous le coudrez fermement de sorte qu'étant reduit à la grosseur de trois pouces de
diamettre, & de cinq pouces de haut ou environ d'un bout à
autre ; puis vous le rognerez par un bout en le coupant nettement avec un couteau bien tranchant ainsi qu'une roüelle
d'un saussisson, & vous accommoderez & couderez son
autre bout, comme une demie boule, afin de le pouvoir
presser du creux de la main en l'empoignant, pour encrer
fermement la planche sans incommodité.

LA QUALITE' DU NOIR.

LE meilleur noir dont on se sert pour imprimer les Tailles douces a nom *Noir d'Allemagne*, & vient de Fanc-fort; sa beauté & bonté est d'être d'un œil & d'un noir de velours, & qu'en le froissant entre les doigts, il s'écrase comme de fine croye ou amidon crud; le contrefait n'a point un si beau noir, au lieu de le sentir doux entre les doigts, il est rude & graveleux & use fort les planches; il se fait de lie de vin brûlée.

LE VAISSEAU OU MARMITE
pour cuire & brûler l'huile.

IL faut avoir une Marmite de fer assez grande, accompagnée de son couvercle, qui doit être choisi de sorte, qu'il la couvre le plus juste qu'il se pourra, car cela est necessaire lors que l'on y mettra l'huile pour la brûler comme je vais dire.

LA QUALITE' DE L'HUILE
de Noix, & la maniere de la cuire & brûler.

VOus prendrez de bonne & pure huile de noix, & en mettrez une assez grande portion dans la marmite cy-dessus alleguée; mais à condition qu'il s'en faille plus de quatre ou cinq doigts qu'elle ne soit pleine, & la couvrirez de son couvercle; puis vous allumerez un assez bon feu & accrocherez la marmite à la cramaillere, & l'y laisserez tant que ladite huile ait boüilly, & se faut bien donner garde qu'elle ne surmonte en commençant à boüillir, ni même en boüillant, car cela est tres dangereux & capable de mettre le feu par tout; c'est pourquoy il faut y avoir l'œil en la remuant souvent avec des pincettes ou cuilliere de fer, & faire en sorte qu'étant bien chaude le feu s'y mette douce-

ment de luy-même, & auffi qu'on l'y peut mettre en y
jettant un morceau de papier allumé lors qu'elle eft chaude
à ce point : Alors il faut voyant le feu s'y être mis, ôter de
la cramaillere ladite marmite & la ranger au coin de la cheminée, & remuer toûjours ladite huile pendant qu'elle brûle avec des pincettes ou grande cuilliere de fer ; & ce brûle-
ment doit durer pour le moins une bonne demie heure &
plus, pour faire la premiere huile que l'on nomme foible ;
à l'égard de celle qu'il faudra faire enfuite qui fe nomme
forte ; & lors que vous voudrez éteindre ce feu, vous n'avez
qu'à pofer le couvercle fur vôtre marmite, & s'il la couvre
jufte, le feu s'étouffera, finon il ne faut que jetter deffus
quelque linge pour faire qu'il n'y ait point d'air ; alors vous
laifferez un peu refroidir ladite huile, puis la vuiderez dans
quelque vaiffeau propre à la contenir.

Cela fait, vous remettrez dans ladite marmite encore de
la même huile de noix cruë pour faire de l'huile forte, & ferez tout de même qu'à la foible, refervé que l'ayant mife au
coin de la cheminée, il la faut laiffer brûler bien plus de tems
en la remuant de temps en temps jufqu'à ce qu'elle foit devenuë fort épaiffe & gluante ; de forte qu'ayant mis des gouttes chaudes fur une affiette ou autre telle chofe, & étant refroidie, elle foit extremement gluante & filâte comme un
firop tres-fort : Il y a des ouvriers qui mettent boüillir avec
l'huile un oignon ou une croûte de pain, afin de la dégraiffer.

Et avenant que le feu fe fût trop violemment pris dans
ladite marmite, il faut jetter dedans la moitié d'un demi-
feptier d'huile de noix non brûlée ; & fi vous craignez
l'accident, au lieu de la faire cuire dans la chambre, vous
pourrez la faire cuire dans une court.

Il faut pour broyer le noir avoir un bon grand Marbre,
& une bonne groffe Molette.

LA MANIERE DE BROYER LE
Noir pour Imprimer.

AVant que de broyer vôtre Noir, il faut bien nettoyer
vôtre Marbre & Molette : Alors vous prendrez du
noir felon ce que vous en voulez broyer ; par exemple, en
ayant étaché une demie livre affez menu fur ledit marbre,
vous y mettrez à plufieurs fois un peu moins de la moitié
ou environ d'un demi feptier d'huile foible, fuivant le noir ;
d'autant qu'il y en a qui en mange ou en boit davantage,
& faut fur tout prendre garde de mettre plûtôt moins d'huile
que trop ; c'eft pourquoy en broyant il y en faut mettre de
temps en temps afin de broyer le noir le plus fec que l'on
pourra : Puis l'ayant broyé en gros avec ladite huile ; vous le
rangerez tout fur un des coins de vôtre Marbre, ou fur
quelque autre chofe, & en prendrez de temps en temps
quelques portions que broyerez, car d'en tant broyer à la
fois l'on a de la peine de le rendre bien fin ; puis ledit fin,
vous le mettrez auffi d'un autre côté, & lors que tout fera ainfi bien broyé, faudra le mettre fur le marbre, & comme en broyant y bien mêler parmi en valeur, la groffeur
d'un petit œuf de poule ou environ d'huile forte ; puis le
tout étant tres-bien mêlé & alié enfemble, vous le mettrez dans une écuelle de terre bien plombée & le couvrirez
d'un papier afin qu'il n'y aille point d'ordure : Et comme
cela cette Encre eft toute prefte pour imprimer & en encrer
la Planche.

Il faut auffi être averti, que pour des planches ufées,
ou qui ne font pas gravées profond, il faut qu'il n'y ait
pas tant d'huile forte dans le noir, & le tout à difcretion.

Sur tout il faut que l'Imprimeur foit foigneux d'imprimer de bon noir & le bien broyer ; car le noir étant rude,
ou le bon mal broyé, outre que l'impreffion n'en vaut rien,
cela ufe & perd toutes les planches : Et auffi que ces huiles
foient bien brûlées & faites en firop, d'autant qu'étant
claires, le noir demeure dans les tailles des planches ;
& il n'y a que l'huile un peu noire qui marque fur le papier,

Ce qui ne vaut du tout rien de la sorte pour plusieurs raisons : mais le noir étant alié avec lesdites bonnes huiles, il est si bien lié avec elles & elles avec lui, qu'il faut de necessité qu'ils demeurent ensemble sur le papier.

LA POISLE A CONTENIR LE feu de charbon avec son Gril dessus.

Vous devez avoir une Poisle de fer ou fonte assez grande à cause de la grandeur que peuvent quelquefois avoir les Planches ; puis une maniere de Gril de fer pour poser sur ladite poisle pour soûtenir les planches lors qu'on les chauffe pour les encrer, & pour donner air au feu de la poisle crainte qu'il ne s'étouffe, & aussi pour la commodité des petites planches.

Il ne faut pas que le feu qui est dedans la poisle soit grand mais mediocre, & couvert un peu de cendre chaude.

La maniere de tremper le Papier.

Il faut pour tremper du grand papier, avoir un grand baquet à demi rempli d'eau claire & nette, & avec cela deux forts ais ou planches l arrées par le derriere, de la grandeur & largeur de la feüille dudit papier toute étenduë & déployée ; l'un desquels ais doit être barré par le derriere, afin que le papier étant dessus, vous puissiez pour l'enlever, passer vos doigts entre ledit ais & le lieu où il est posé, & aussi pour le reposer aisément en quelque autre.

Vous prendrez donc ainsi toutes étenduës avec vos deux mains par deux de ses côtez cinq ou six feüilles de vôtre papier, & les passerez dans ladite eau deux ou trois fois selon la force & colle d'un côté & d'autre, uniement sans leur donner de faux plis ; puis les poserez ainsi ensemble bien uniement sur un de vos ais du côté uni ; & ferez ainsi toûjours de tout le papier que voulez tremper, en le mettant ainsi moüillé toûjours paquet sur paquet sur ce premier ; puis mettrez le côté uni de vôtre autre ais sur ledit papier, en sorte qu'il soit tout enfermé entre lesdits deux ais : Alors vous mettrez sur l'ais de dessus quelque chose de tres-pesant afin de le charger, & par ce moyen faire entrer l'eau dans ledit papier, & en faire sortir ce qui est superflu : Faut le laisser ainsi chargé jusques à ce qu'on le veuille imprimer

Ledit papier ayant été ainsi trempé le soir, est prest le lendemain pour imprimer, & quand l'on en a trempé plus qu'on n'en pouvoit imprimer, ce qui reste doit être mis ensemble entre celuy que l'on retrempera le soir, & le lendedemain il le faut prendre tout le premier : Le papier tresfort & bien collé doit tremper davantage, & ainsi du foible & peu colé moins.

LA MANIERE D'ENCRER LA
Planche, pour aprés la faire passer sur la table de la Presse entre les rouleaux pour l'imprimer.

AYant donc vôtre planche toute gravée, limée & ajustée & preste a imprimer ; vous en poserez l'envers sur le gril & poisle où est le feu, la faisant chauffer passablement ; puis avec un torchon blanc & net, vous la prendrez par un de ses coins, & la poserez de plat sur une table que vous devez avoir bien affermie ; & prenant le Tampon qu'aurez cy-devant fait, & avec icelui du Noir qu'avez appreté, vous le porterez sur vôtre planche, & en coulant, pressant & tappant en tous sens ledit tampon par toute la surface gravée de vôtre Planche, vous ferez bien entrer & tenir le noir dans les traits, & si vous encrez d'un tampon neuf, vous prendrez trois ou quatre fois plus de noir, qu'alors que ledit tampon ayant beaucoup travaillé en sera rempli & abbreuvé par son bout.

Souvenez-vous de tenir vôtre Tampon toûjours en lieu où il soit proprement ; afin qu'il ne s'y attache aucune poudre ni gravier ; car en encrant cela feroit des rayes sur vôtre planche, & aussi lors qu'en ayant beaucoup imprimé ou discontinué il arrive que ledit tampon devient dur par le noir qui s'y est seché, il en faudra couper quelques roüelles & faire ainsi que devant.

Ayant

Ayant donc bien fait entrer du Noir dans toutes les tailles de vôtredite planche, vous prendrez un autre torchon
que celuy que vous tenez en main ; & en essuyerez legerement le plus gros du noir qui est sur la planche,
& même ce qui peut être à l'entour d'icelle, & l'endroit
de la table où vous l'avez encrée, en sorte qu'il
n'y reste point de noir, puis quittant ledit torchon
& reposant vôtre planche sur la table, vous essuyerez
bien la paume de vôtre main au torchon net que tient vôtre autre main, principalement le côté charnu qui repond
au petit doigt ; puis vous passerez hardiment en essuyant
& coulant ladite paume de main, & principalement ledit côté charnu sur vôtre planche, tantôt en long, puis
en travers ; en essuyant de suite ladite paume de main au
torchon blanc que vous tenez de l'autre dont vous arrê-
tez la planche contre le bord de la table à mesure que
vous passez le plat de la main sur icelle, dont par ce
moyen vous ôterez le reste du noir qui y est superflu,
n'y restant que celui necessaire qui est dans les tailles ;
voyant donc à l'œil qu'il n'y a plus de noir ni tache aucune sur la planche aux endroits où il n'y a rien de
gravé, & qui par consequent doivent être blancs comme
la marge du papier, la feüille étant imprimée ; il faut essuyer les bords & épaisseur de ladite planche afin que le
tout vienne net sur le papier, & ayant ainsi fait, vous
poserez encore un peu vôtre planche sur le gril ; &
quand elle y sera devenuë un peu chaude, vous la re-
prendrez sur vos mains, les ayant auparavant bien
essuyées

Et prendrez garde à ne la toucher que seulement par
l'envers & côtez, & point du côté de la graveure, afin de
ne l'y salir ; & l'irez poser sur la table de vôtre presse,
ainsi que j'ay dit ensuite de l'ajustement de la Presse.

Resté à vous dire qu'il faut faire en sorte de n'avoir
point suante la main qui essuye le Noir, & aussi que le
torchon avec lequel on en essuye le plus gros peut servir plusieurs fois, pourveu qu'il ne soit point durci,
& de l'autre qui sert à essuyer la paume de la main, il
y a des occasions où il en faut changer plus souvent

fans comparaifon, & en avoir de temps en temps ; de
plus il en faut un attaché devant vous en forme de
tabelier pour y effuyer vos doigts lors que vous prenez le
papier trempé pour le mettre fur la planche , & aprés
qu'elle eft imprimée le lever de deffus elle.

Il y a beaucoup d'autres obfervations qui feroient lon-
gues à deduire ; mais le jugement de ceux qui liront ce
traité , & ceux qui voudront pratiquer cet Art , y pourra
fuppléer.

Seulement je vous dirai qu'il y a des neceffitez où l'on
pofe fur la table de la Preffe tout premierement des langes,
puis fur iceux une maculature, & enfuite le papier, carte
ou autre chofe fur quoy l'on veut imprimer ; & l'on ren-
verfe la graveure de la planche en deffous ; puis deux ou
trois langes deffus, afin que la planche ne fe courbe trop,
& auffi qu'elle ne gâte point le rouleau alors qn'on tourne
le moulinet , & le tout paffe & imprime comme devant;
cela fe fait de la forte quand la fujettion le requiert ,
comme fe fait l'impreffion des images fatinées , lefquelles me donnerent il y a quelque temps l'idée de faire ce
qui fera dit cy-aprés.

L'on peut auffi imprimer des planches avec beaucoup
d'autres fortes de couleurs bien broyées & aliées , tant
avec la même huile de ce noir pour les couleurs brunes ,
& pour les claires avec d'autres huiles épaiffies, puri-
fiées & dégraiffées.

Et d'autant qu'une fois en faifant imprimer, j'ay veu
qu'il y avoit de la peine à faire attacher le noir bien noir
& épais fur l'or & l'argent' appliqué fur le papier , carte
ou autre telle chofe , j'ai penfé qu'il en pouvoit arriver
de même à d'autres ; & pour y remedier , il n'y a qu'à
bien mêler dans une portion du noir, par exemple de la
groffeur d'un œuf, une demie cuillerée de fiel de bœuf
alié & mêlé avec un peu de vinaigre & de fel commun, &
fe fouvenir qu'il ne faut accommoder le noir avec ce fiel ,
qu'à mefure qu'on en veut employer, comme de deux heures en deux heures, car autrement il fe gâte.

Pour ce qui eft de ce que j'ai dit cy-deffus touchant
l'idée que m'a donné la confideration des Stampes ou Images de fatin de plufieurs couleurs.

Cela me fit penfer à faire le contraire de ce que font les Enlumineurs ou Couloreurs d'eftampes vulgairement nommées Images ; car au lieu qu'ils appliquent leurs couleurs fur l'impreffion de l'encre , je m'avifai de faire en forte que cette impreffion fût fur les couleurs.

Maniere que j'ay tenuë.

POfons pour exemple , que vous ayez une planche toute gravée d'une figure que vous voulez qui vienne vétuë de deux ou trois couleurs ; par exemple le chapeau gris , les cheveux un peu bruns , le manteau rouge , le pourpoint & chauffe d'une couleur, les bas d'une autre , & ainfi d'autre chofe.

Premierement vous aurez une autre planche de cuivre , ajuftée & limée de la même grandeur de celle là , de forte qu'étant appliquée deffus , elle s'y ajufte & convienne precifement de tous coftez , & l'ayant vernie d'un verni dur & blanc de cy devant , & prenant une impreffion de la planche gravée , toute fraîchement tirée fur une carte ou papier tres épais & rendu un peu humide, & mettez promtement la planche vernie blanc fur ladite impreffion bien juftement à l'endroit où la planche gravée a fait fon empreinte , & pofez cette impreffion & planche vernie enfemble fur deux langes appliquez uniement fur la table de la preffe , puis deux ou trois autres langes encore par deffus ladite impreffion & planche , & faites paffer le tout entre les rouleaux , aprés quoy vous verrez que la figure premierement imprimée fur la carte , aura marqué fa figure fur la planche vernie, en forme de contr'épreuve dont je parlerai cy-aprés.

En aprés vous graverez fur la planche vernie avec une pointe bien déliée les fimples contours des chapeau, manteau, habits & autres particularitez , & les ferez creufer fort peu à l'eau forte ; puis vous en ôterez le verni , & en ferez tirer des ftampes fur de la carte bien blanche , ou gros papier allunné, ou autres telles chofes un peu épaiffes, aprés les avoir rendus un peu humides en les mettant dans la cave une nuit ou environ ou bien entre des papiers moüillez : Ces contours étant imprimez & fecs il faut coucher à plat de rouge toute la place contenuë par le trait qui contourne le manteau, & ainſi de celuy du chapeau le coucher à plat de couleur griſe, & enſuite du reſte; cela étant fait vous mettrez ladite carte ainſi colo-rée comme j'ay dit pour la rendre humide; puis vous prendrez la premiere planche gravée, l'ayant encrée, vous mettrez ladite carte colorée ſur les langes, & ladite planche gravée du côté & du ſens requis, preciſément dans l'enfonſeure que la planche des contours y a faite, puis deux ou trois langes deſſus icelle; & ferez paſſer le tout entre les rouleaux : Cela étant vous verrez que la planche aura imprimé ſur toutes leſdites couleurs en les rendant bien unies & bien plus belles ſans comparaiſon que les autres Enlumineures ordinaires.

Avant que de finir je vous dirai ce que c'eſt que les Imprimeurs appellent épreuve; & contr'épreuve : Epreuve eſt la premiere, deuxiéme ou troiſiéme ſtampe, qu'ils tirent d'une planche qui n'a point encore imprimé, ou de ceux que l'on remet en train : La contr'épreuve ſe fait avec ladite épreuve en cette ſorte; à ſavoir qu'ayant fait l'épreuve, l'on la met uniement toute fraîche par ſon envers ſur la planche qui l'a faite; puis l'on met ſur icelle épreuve une feüille de papier trempé, enſuite deſ-ſus la maculature, & enſuite les langes; & alors on fait paſſer le tout entre les rouleaux, & ayant levé ladite feüille, on trouve que l'épreuve a fait la contr'épreuve ſur ladite feüille de papier : cela eſt fait d'ordinaire pour voir plus aiſément à corriger, d'autant que ladite contr'épreuve eſt ſuivant le deſſein, à ſçavoir tournée de même côté.

Quand il avient que le noir ſe trouve ſéché dans les tailles de la planche, il le faut faire boüillir avec de la leſſive, ou bien poſer la planche à l'envers ſur deux petits chenets comme quand on cuit le verni dur; & mettre ſur toute la ſurface gravée de ladite planche environ d'un bon doigt épais de bonne cendre ſaſſée & détrempée avec de l'eau, puis avec du méchant papier ou paille allumée faire du feu ſous ladite planche en la faiſant échauffer par tout, enſorte que ladite cendre moüillée boüille, & ayant

ainſi boüilli ladite cendre aura attiré & détrempé le noir
deſdites tailles : Alors il faut jetter de l'eau ſur icelle planche, tant qu'il n'y ait aucun reſte de ladite cendre ; ſe
donnant bien de garde en l'eſſuyant qu'il n'y en ſoit demeuré : car cela y feroit des rayes.

L'Imprimeur eſt quelquefois obligé d'allunner ſon papier, & pour ce faire il fait fondre de l'alun dans de l'eau
ſur le feu, puis de cette eau il en trempe ſon papier en
guiſe d'eau commune.

IL y a quelques années que *M. Perier* Bourguignon, un
des bons Peintres du temps, fit voir au public ſur du
papier gris, un peu brun, des figures dont les contours &
hacheures étoient imprimées de Noir & les rehauts de
Blanc, le tout en forme de Camayeux, qui fut trouvé non
ſeulement nouveau, mais encore ſi beau, que j'eus envie
d'en rechercher l'invention; & l'ayant conſideré & medité
deſſus il m'a ſemblé qu'il faut avoir deux planches de pareille grandeur exactement ajuſtée une à l'autre ; L'on peut
ſur l'une d'elle graver entierement ce que l'on deſire, puis
la faire imprimer de noir ſur une carte ou gros papier
comme j'ai dit cy-devant pour imprimer les couleurs : Et
ayant verni l'autre planche ainſi que j'ai ci-devant dit, &
l'ayant mis le côté verni dans l'endroit & empreinte que la
planche gravée a faite en imprimant ſur ladite carte ou
papier & la paſſer enſuite comme en imprimant entre les
rouleaux ; Ladite ſtampe aura fait ſa contr'épreuve ſur
ladite planche vernie : Aprés quoy faut ſur icelle graver
les rehauts & les faire fort profondement creuſer à l'eau
forte ; La même choſe ſe peut auſſi faire encore mieux en
gravant au burin.

Or cela fait, la plus grande difficulté que je trouve en
ceci eſt, de trouver du papier & une huile laquelle ne faſ-
ſe point jaunir ni rouſſir le blanc; & juſqu'à preſent la
meilleure eſt de faire faire de l'huile de noix tres-blanches,
& la tirer ſans feu ; puis la mettre dans deux vaiſſeaux de
plomb & la laiſſer au Soleil tant qu'elle ſoit épaiſſie à
proportion de l'huile foible dont j'ai traitté cy-devant,
& pour la plus forte, il faut laiſſer l'un deſdits vaiſſeaux
bien plus de temps au Soleil.

Et enfuite il faut avoir de beau blanc de plomb bien
net, & l'ayant bien lavé & broyé extremement net & fin
le faire fécher & en broyer avec ladite huil. bien à fec,&
enfuite l'alier bien avec de l'autre huile épaiffe ainfi que
l'on fait le noir ; Puis ayant imprimé la premiere planche
toute gravée de noir ou autre couleur , fur ladite carte ou
gros papier , vous en laifferez bien fécher dix ou douze
jours l'impreffion , & alors ayant rendu lefdits papier ou
carte bien humide, faut remplir la planche des rehauts dudit blanc de la même forte que les autres de noir, pour en
imprimer , & l'ayant bien effuyée la poferez fur la carte
ou gros papier imprimé , en forte qu'elle foit précife-
ment ajuftée dans l'enfonfeure que la premiere planche a
faite aufdirs papier ou carte, prenant bien garde de ne
la mettre à contrefens : Etant ainfi bien ajuftée & un peu
chaude , la paffer entre les rouleaux avec des langes deffous & deffus, comme j'ai dit à l'impreffion de l'Enlumineure cy-devant.

L'on pourroit avec lefdites huiles imprimer au befoin de
Mafficot blanc & autres couleurs claires en lieu de blanc.

Depuis avoir écrit ce qui precede j'ay fçû qu'en Italie
pour faire le Verni dur au lieu d'huile de Noix on employe de l'huile de Lin ; & que le meilleur verni fe fait à
Venife & à Florence , & fe vend chez les Epiciers ou
Droguiftes.

F I N.

TABLE
DES TRAITEZ.

LA maniere de faire le verni dur duquel je me sers, page 1.

La composition d'une Mixtion de suif & d'huile pour couvrir aux planches ce que l'on desire que l'eau forte ne creuse davantage.   p. 2

La maniere de faire l'eau forte pour ledit verni.   p. 3

Le moyen de passablement connoître le bon Cuivre rouge autrement rosette sur lequel on travaille ordinairement.   p. 4

La maniere de le faire forger en planches, les polir & dégraisser en sorte qu'elles soient en état d'y appliquer le verni.   p. 5

La maniere d'appliquer ledit verni dur sur la planche & l'y noircir.   p. 8

La maniere de faire sécher ou durcir ledit verni sur la planche avec le feu.   p. 9

La maniere de s'apprester pour dessigner, contretirer ou calquer son dessein sur la planche vernie.   p. 11

Le moyen de connoître les bonnes éguilles pour en faire des outils, ensemble les emmancher pour être propres à graver.   p. 12

La forme qu'il faut donner aux bouts des éguilles, & la maniere de les aiguiser.   la même.

La maniere de contretirer ou calquer le dessein sur le verni.   14

Le moyen de conserver le verni sur la planche lors qu'on y veut graver.   p. 15

La maniere de graver sur ledit verni, & d'y conduire les Pointes.   p. 16. & suiv.

Le moyen de manier les Echopes, ensemble d'en faire de gros traits.   p. 19

La maniere pour mettre la planche en état de recevoir
l'eau forte. p. 22
Une façon de Machine pour commodement tenir la planche en état d'y jetter l'eau forte deſſus. p. 24
La maniere de verſer l'eau forte ſur la planche, & couvrir
avec la Mixtion du ſuif & huile les douceurs & éloignemens ſuivant les repriſes. p. 26
Le moyen d'ôter le verni de deſſus la planche aprés que
l'eau forte y a fait ſon operation. p. 32

LA MANIERE DE FAIRE LE VERNI
mol, & le moyen de s'en servir.

La maniere de faire la compoſition du verni mol. p. 34
La maniere d'appliquer le verni mol ſur la planche. p. 35
La façon de border la planche de cire afin de contenir
l'eau forte de depart. p. 38
La maniere pour faire que les vernis dur & mol ſeront
blancs ſur la planche. p. 41
Le moyen aprés que les planches ſont creuſées à l'eau
forte de regraver ce que l'on peut avoir oublié d'y faire
ou bien ce qu'on y veut changer ou ajoûter. p. 42
La maniere pour ſçavoir tenir, manier & aiguiſer un burin. p. 43
La façon de tenir & manier le burin ſur le cuivre en gravant, & autres particularitez. p. 45

LA MANIERE D'IMPRIMER
les Planches en Taille-douce, & le moyen
d'en conſtruire la Preſſe.

Et conjointement une aſſez ample deſcription par figures & diſcours, de toutes les pieces qui compoſent une
preſſe, & autres choſes neceſſaires pour imprimer les
planches gravées en Taille Douce. p. 51
Et finalement quelques petites curioſitez concernant ladite impreſſion. p. 64

Fin de la Table.